課程實驗
課綱爭議的出路

蔡清田　著

五南圖書出版公司 印行

推薦序一

　　蔡清田教授在《課程實驗：課綱爭議的出路》一書中論述課程實驗之規劃、變革、發展、推廣、評鑑，可以作為研議課程綱要爭議的一條活路。本書內容包括課程綱要的爭議、「臺灣省國民學校教師研習會」「板橋模式」課程實驗之概述與課程實驗之分析；課程實驗之規劃的途徑與評議；課程實驗之變革的本質與評議；課程實驗之發展的歷程與評議；課程實驗之推廣的策略與評議；課程實驗之評鑑的方法與評議。本書不僅深入淺出而且條理分明，是課程實驗研究的難得佳作。本人與蔡教授相識多年，十分佩服他在課程領域的學術研究成就與實務貢獻。在此教育改革的年代，本書即將出版，真的深富意義，內容豐富且具課程研究貢獻，可作為學校教師與相關課程研究發展人員，以及關心教育改革的政府與民間相關人士作為課程研究的參考，十分值得推薦。

國立中正大學榮譽教授

黃光雄 於2017年元月

推薦序二

　　《課程實驗：課綱爭議的出路》一書，內容分為課程實驗之緒論、課程實驗之規劃、課程實驗之變革、課程實驗之發展、課程實驗之推廣、課程實驗評鑑與課程實驗之評議，可說是因應課程綱要爭議的一條明智出路。「臺灣省國民學校教師研習會」「板橋模式」的國民小學社會科課程是我國一項相當有名氣的課程實驗，蔡清田教授在本書中詳細又深入地論述「臺灣省國民學校教師研習會」小學社會科探究教學課程實驗之規劃、變革、發展、推廣、評鑑，特別闡明「板橋模式」課程實驗的概述與課程實驗的分析；課程實驗之規劃的途徑與評議；課程實驗之變革的本質與評議；課程實驗之發展的歷程與評議；課程實驗之推廣的策略與評議；課程實驗之評鑑的方法與評議。本書是課程實驗研究的優良著作，特別加以推薦。

法鼓文理學院講座教授
前國家教育研究院籌備處主任
陳伯璋 於2017年元月

自 序

　　《課程實驗：課綱爭議的出路》一書內容分為課程實驗之緒論、課程實驗之規劃、課程實驗之變革、課程實驗之發展、課程實驗之推廣、課程實驗評鑑與課程實驗之評議，可說是有效因應課程綱要爭議的一條活路。第一章課程實驗之緒論，包括課程綱要的爭議、課程實驗的概述、課程實驗的分析；第二章課程實驗之規劃，包括課程實驗之規劃的途徑、課程實驗之規劃的評議；第三章課程實驗之變革，包括課程實驗之變革的本質、課程實驗之變革的評議；第四章課程實驗之發展，包括課程實驗之發展的歷程、課程實驗之發展的評議；第五章課程實驗之推廣，包括課程實驗之推廣的策略、課程實驗之推廣的評議；第六章課程實驗之評鑑，包括課程實驗之評鑑的方法、課程實驗之評鑑的評議；第七章課程實驗之結論。

　　本書適合閱讀觀眾是以國內外關心課程改革的相關人員為主要的對象，如政府相關人員、民間教育改革人士、社會賢達、學校教師、學生家長等等推動教育改革的相關人士，以作為進行課程改革之參考。另外，本書可以作為師範大學與教育大學及一般大學相關教育研究所或課程教學研究所或師資培育中心開設教育學程或修習「課程實驗」、「課程改革」、「課程發展與設計」、「課程創新」、「課程實驗研究」、「課程改革研究」、「課程計畫研究」、「課程設計研究」、「課程發展研究」與「課程創新研究」等科目之參考書籍。

　　筆者非常感謝國立中正大學教育學院同仁們的支持，謝謝五南圖書公司楊榮川先生之熱心教育文化事業提攜後進，以及陳念祖副總編輯的細心協助編輯與出版事宜。最後，僅將本書獻給辛勤持家、任勞任怨的內人梁維

慧，以及陪伴我一起研究成長的宜寬與宜睿。筆者希望對國內課程研究略盡棉薄之力，惟才疏學淺，疏漏難免，不週之處尚乞方家不吝賜正。

蔡清田 謹識

國立中正大學教育學院

2017年元月

目　錄

第一章　課程實驗之緒論

苟日新，日日新，又日新……

周雖舊邦，其命維新。

是故君子無所不用其極。

～《大學》第二章釋新民

　　沒有一種「理念課程」是可以完全移植而直接套用於世界各國的所有教育機構（Pinar, 2015），因此，隨著2014年（103年）11月7日我國立法院院會三讀通過，並經總統正式公告《高級中等以下教育階段非學校型態實驗教育實施條例》（103年11月19日總統華總一義字第10300173311號令公布）、《學校型態實驗教育實施條例》（103年11月19日總統華總一義字第10300173321號令公布）以及《公立國民小學及國民中學委託私人辦理條例》（103年11月26日總統華總一義字第10300177151號令公布）等「實驗教育三法」，臺灣教育已由過去傳統保守作風，翻轉改變為教育實驗與創新，鼓勵實施學校型態與非學校型態實驗教育，以保障人民學習及受教育權利，增加人民選擇教育方式與內容之機會，促進教育多元化發展，落實《教育基本法》第十三條規定，特制定《學校型態實驗教育實施條例》，該條例第三條指出「本條例所稱學校型態實驗教育，指依據特定教育理念，以學校為範圍，從事教育理念之實踐，並就學校制度、行政運作、組織型態、設備設施、校長資格與產生方式、教職員工之資格與進用方式、課程教學、學生入學、學習成就評量、學生事務及輔導、社區及家長參與等事項，進行整合性實驗之教育。」

　　我國教育部隨後也在2014年（103年）11月28日公布《十二年國民基本教育課程綱要總綱》（教育部，2014，32），明確指出就「課程實驗」（curriculum experiment）與創新而言，各教育主管機關應提供學校本位課程研發與實施的資源，鼓勵教師進行課程與教材教法的實驗及創新，並分享課程實踐的成果，各該主管機關宜分析課程研發與實驗成果，以回饋「課程綱要」之研修。國家教育研究院（簡稱國教院）更透過其重要研究成果《十二年國民基本教育課程發展建議書》（國家教育研究院，2014a，5），明確指出「課程綱要」是國家課程政策的具體展現，更是

國家課程規劃設計與實施的準則，可確定各教育階段的課程定位，引導各教育階段課程發展方向，「主要目的在確立各級學校之教育目標，規劃課程架構，並訂定實施的原則，其主要任務在於為學校的課程與教學定錨立基、指引方向、辨明價值與規範行動。」尤其是，我國中小學課程發展長期以來多採取由上而下的模式，由中央政府的教育部召集課程學者與學科專家研擬「課程綱要」或「課程標準」，再由國立編譯館或民間出版社負責教科書編輯審查工作，學校教師再使用這些教科書進行教學工作。特別值得注意的是，「國家教育研究院」的前身「臺灣省國民學校教師研習會」（1999年7月精省後更名為「教育部臺灣省國民學校教師研習會」，2002年7月15日整併為「國家教育研究院籌備處」，2011年3月30日與國立編譯館等整併升格為「國家教育研究院」），在1970-1980年代曾有頗負盛名備受推崇的「板橋模式」之「課程實驗」（蔡清田，2001），強調試教、修訂、實驗、再修訂的課程發展過程，此種透過實驗試用、反思回饋、到修正不斷循環歷程進行緩進的「課程改革」（curriculum reform），類似於課程實驗的行動研究（蔡清田，2013），重視過去經驗與知識以及不斷進步演化歷程的「累進原則」（國家教育研究院，2014a），可以有效解決課程爭議（蔡清田，2016；Elliott, 1998; Pratt, 1994; Young, Lambert, Robert & Robert, 2014）。

第一節　課程綱要的爭議

　　可惜的是，臺灣近年來的《國民中小學九年一貫課程綱要》與《高中課程綱要》之修訂過程並未延續上述「板橋模式」的「課程實驗」之「累進原則」，只使用「暫行綱要」的方式先推行，在全面施行幾年後，在未有嚴謹的課程研究回饋與評鑑機制之下，就成為正式課綱，造成「課程綱要」的理念精神目標與教科書及實際教學現場之間嚴重脫節與產生落差甚至形成斷層差（黃光雄、蔡清田，2015），值得進一步檢討與改進。由於目前國家課程發展過程中缺乏相當重要的試行、實驗與修訂的階段，一方面無法運用「累進原則」，累積課程發展經驗並回饋到國家「課程綱要」

內涵的修訂（國家教育研究院，2014a），另一方面更引發所謂的「課綱爭議」。因此，「課程實驗」，實屬有其不可忽視的重要性與必要性。例如，我國教育部於2000年（民國89年）公布《國民中小學九年一貫課程暫行綱要》（教育部，2000），強調國民中小學課程連貫與科目統整，強調學習領域課程規劃與培養帶得走的基本能力，明確制訂各學習領域分段能力指標。而且為了因應臺灣首屆實施《國民中小學九年一貫課程綱要》的學生將於2005年（民國94年）的94學年度進入高中，因此原先預計進行修訂《普通高級中學課程暫行綱要》將於94學年度施行（教育部，2005），不過因修訂高中課程綱要規劃的時程進度來不及配合，且國文、歷史等科目課程內容爭論頗多，教育部乃順應各界要求，將此高中課程綱要延至95學年度施行，此即臺灣教育界所通稱的「95高中課程綱要」；教育部並擬於三年後修正，此亦即所通稱的「98高中課程綱要」，惟課綱爭議仍大，故又延後一年實施，此即所謂的「99高中課程綱要」，雖然李坤崇（2010）曾進行「高中課程99課綱與95暫綱之分析」，指出99課綱較95暫綱嚴謹，已化解95暫綱之各科時間分配衝突，強化橫向統整，減少95暫綱不必要重疊與學習，解決95暫綱各科教學時間序列問題，提供適性學習的機會，強化通識素養，減少必修科目2-4學分，更能落實全人教育，以及更強化學校專業自主與排課彈性。但各界對此曾借用微軟公司的window95、98，XP稱此變動不已的高中課程綱要，代表著對高中課程綱要缺乏彈性且被學科綁架的現狀之不滿（林永豐，2012），需再進行課程綱要調整。

一、「101高中課綱」與「103高中課綱」的爭議

尤其是，2008年（民國97年）中國國民黨馬英九當選總統執政後，擱置了上述高中課程綱要的「國文科」與「歷史科」課綱，另組專案小組進行課程綱要調整，在2012年（民國101年）完成課綱修改對外公布並於2013年（民國102年，101學年度）實施稱為「101高中課綱」；然在「101高中課綱」實施不到一年後，教育部旋又以進行「錯字勘誤、內容補正及符合憲法之檢核」為由，組成「高級中等學校及國民中小學社會、語文領

域檢核工作小組」（以下簡稱「檢核小組」）進行針對高中國文與社會科課綱的「用語微調」，經「檢核小組」改寫後的課程綱要於2013年1月27日經教育部「高級中等以下學校課程審議會」（簡稱課審會）通過，教育部長蔣偉寧於2014年（民國103年）2月10日公布此「微調」後的課綱，此即為通稱為「103高中課綱」。

　　「課程綱要」本來就是因應時代變動的需要，持續不斷地向前改進，然因此次「課綱微調」決策方式，不夠周延、不夠透明，沒有依照課程綱要研修程序進行，缺乏「程序正義」，而且「檢核小組」代表不具多元性、缺乏教育專業性與價值正當性，引發爭議不斷與持續對立，造成社會動盪與對政府高度不信任，全國高中職學生與歷史學界串連發起「反黑箱課綱」，2015年（民國104年）7月23日學生深夜攻占教育部部長辦公室，觸動反「課綱微調」狂潮，要求應立即廢止「黑箱課綱」，甚至有學運成員林冠華以自殺「明志」，舉國譁然，社會不安加劇。歷經教育部及立法院多次朝野協商，立法院院會於2016年（民國105年）4月29日通過提案，要求教育部退回「微調」的「103高中課綱」，撤銷高中「微調」的國文、社會兩科課綱，十多名反「課綱微調」學生到教育部門口召開記者會，呼籲教育部儘速執行立法院決議，撤銷「微調」的「103高中課綱」。更進一步地，立法院在2016年（民國105年）5月17日上午三讀通過「高級中等教育法部分條文修正草案」，廢除黑箱課綱，課程審議會提升到行政院層級，政府代表僅占1/4，民間代表除學者、教師，也首度納入學生代表，希望透過課程審議制度的修正，讓社會各界可以一起參與討論學生想要什麼樣的學校教育課程綱要，課程綱要審議法制化後，可讓「黑箱課綱」成為歷史。

　　值得注意的是，2016年（民國105年）5月20日「民主進步黨」的蔡英文政府執政後，新任教育部長潘文忠在2016年5月21日上任首場記者會上宣布，因為「103高中課綱」參與研修人員的代表性不足，程序不正義，破壞了國人的共識和信賴，也引發高中生反黑箱課綱微調運動，決定照辦立法院的決議，將完成行政程序，予以「廢止103高中國文和社會微調領綱」，但因105學年度上學期的教科書，各校已完成選書程序，教育部

會尊重各校的選書權；但105學年度下學期之後，到「107課綱」上路之前的過渡期，則沿用「101高中課綱」的版本。同時宣布《十二年國民基本教育課程綱要》原則上將於107學年度上路（稱爲「107課綱」），但因社會領域課程綱要仍有爭議，欠缺社會共識和信賴，將重組課程發展委員會重新研訂，預計將會延後兩年、於109年才實施（教育部電子報，2016.5.21），且依新修辦法，課審會將首度納入二名學生代表，未來學生將可參與審議課綱，創下歷史紀錄，這是國家跨時代的一步。

　　教育部強調改變「課程綱要」屬於重大政策，須依法行政按照程序處理，其完備行政程序是尊重教育專業，需再經由「國家教育研究院」的「課程研究發展會」（簡稱課發會）與教育部的「高級中等以下學校課程審議會」（簡稱課審會）審議。因爲「課程綱要」屬重大教育決策（蔡清田，2003），課綱爭議，往往牽涉價值觀問題，社會各界往往有不同期待，很多委員不是基於學術理由反對，而是基於特定政治意識型態，因此不願曝光。教育部長潘文忠則表示，立院已三讀修正《高級中等教育法》，未來不但會公布課審會委員名單，並由立委推舉的社會公正人士審查委員資格，審議課綱的過程及結果，也都將攤在陽光下（Yahoo!奇摩新聞，2016.6.25），必須建立在「透明」的基礎上，經過充分與全面性的檢討和討論協調妥協，甚至可以透過「課程實驗」進行緩進的「課程改革」（蔡清田，2016），盡力讓立足點平等、受教權平等，爲涉及不同價值觀立場的「課綱爭議」尋找可能出路，讓課程改革回歸教育專業，建立國家課程研究發展的專業透明及多元參與之永續機制。然「課程實驗」並不容易（蔡清田，2001；2002），重要的是針對學校教學實地情境進行「課程實驗」，將課程視爲教育經驗的知能與組織核心，鼓勵有興趣的師生透過科際整合的探究，將課程視爲有待考驗的研究假設，並透過具體的課程行動來進行研究，尤其是「實驗」（experiment）乃是研究的一種方法（王文科、王智弘，2015；柯華葳，1995），在於課程領導者讓教育人員嘗試採用新的內容與方法以考驗課程行動中的理念（蔡清田，2016；Stenhouse, 1975），進一步在眞實教育情境中進行小規模試驗並求改進可行性與效用性（吳明清，2015），研發「強大而有力量的知識」

（powerful knowledge）（Young, Lambert, Robert, & Robert, 2014），以協助解決問題與課綱爭議（黃光雄、蔡清田，2015；Au, 2012; Elliott, 1991; Stenhouse, 1980）。

二、「檢核小組」與「黑箱課綱」的爭議

我國99《普通高級中學課程綱要》係於99學年度2010年（民國99年）8月1日開始實施，而高中國文及歷史課程綱要則於101學年度2012年（民國101年）8月1日開始實施。值得注意的是，依據2014年（民國103年）7月監察院馬以工、錢林慧君、周陽山、余騰芳等委員公布調查報告指出：教育部為順利銜接103學年度於2014年（民國103年）8月1日正式實施「十二年國民基本教育」，並即時回應教育現場需求，責成「國家教育研究院」對高中課程綱要進行評估與檢視，國教院先於2012年（民國101年）11月進行數學及自然領域課程綱要微調，完成後已由教育部於2013年（民國102年）7月修正發布。2013年（民國102年）8月1日教育部再函請國教院檢視並評估現行高級中學及職業學校課程綱要，評估數學、自然領域課程綱要之外，各領域科目是否尚有配合「十二年國民基本教育」之實施應予檢討課程綱要予以微調之必要，國教院即在9月1日委託「普通高級中學課程課務發展工作圈」執行高中課程綱要檢視工作，邀集17個學科中心蒐集意見，並由國教院邀請曾參與或現任之高中課程綱要審定委員、教科書編者、教科書審定委員等相關學科領域學者專家，於10月23日以「錯字勘誤、內容補正及符合憲法之檢核」為由，組成十一人的「高級中等學校及國民中小學社會、語文領域檢核工作小組」（以下簡稱「檢核小組」），包括小組總召集人世新大學中文系兼任教授王曉波、社會領域召集人國史館呂芳上館長、歷史組成員包括海洋大學海洋文化所教授黃麗生與世新大學通識中心教授李功勤、地理組成員包括臺灣師範大學東亞文化暨發展學系教授潘朝陽與高雄師範大學地理系教授吳連賞、公民與社會組成員包括臺灣大學政治系教授包宗和與中央大學經濟系教授朱雲鵬、國文領域召集人佛光大學中文系教授謝大寧、國文領域成員包括臺灣大學中文

系教授陳昭瑛與政治大學中文系名譽教授董金裕，進行普通高級中學課程綱要「檢核」，以應社會變遷、國際脈動及回應教學現場需求，並在既有基礎上，持續精進及檢討調整。

　　然而，上述「檢核小組」成員隨後在11月23日「檢核小組會議」提出「臨時動議」，決議通過由「檢核小組」直接「微調」課程綱要而不只是「檢核」，進行各該課程綱要微調之統籌與規劃，並在2014年（民國103年）1月16、17日連續辦理三場高中課程綱要「微調」公聽會，經1月24日國教院課程研究發展會（簡稱課發會）討論後，1月25日教育部召開「高級中等以下學校課程審議會」高中分組審議會討論，1月27日再經教育部「高級中等以下學校課程審議會」全體大會通過此一高中課程綱要「微調」，立即引發臺灣史學界、高中師生及社會各界人士和民間團體針對資訊不透明、程序草率與內容爭議的「黑箱課綱」質疑（黃政傑，2016），特別是由於消息不靈通，導致諸多高中老師與學生沒有充裕時間參與此課綱微調之討論，因此許多高中師生批評此舉不只不尊重基層教師的權益，更剝奪了學生學習的權益，引發了兩百多人包圍教育部的抗爭，然而教育部卻迅速地於2014年（民國103年）2月10日正式公布「修正『普通高級中學課程綱要』國文、地理、歷史、公民與社會課程綱要，並自104學年度高中一年級新生起逐年實施」（此即所通稱的「103高中課綱」），亦即自2015年（民國104年）年8月1日正式實施新「課程綱要」。蔣偉寧部長強調這次普通高級中學課程綱要「微調」是「回歸憲法，不過度美化日本殖民」，但民主進步黨強烈抨擊此舉是在「去臺灣化」與「回歸大中國史觀」（新頭殼，2014.2.15）。

三、「課綱微調」與「課綱違調」的爭議

　　蔣偉寧去職之後，吳思華繼任教育部長特別重申此次程序合法的《普通高級中學課程綱要》「微調」，係繼2013年（民國102年）數學及自然領域課程綱要微調後，持續精進發展的歷程，「微調」重點在於「修正『普通高級中學課程綱要』國文、地理、歷史、公民與社會課程綱要」，

主要調整四個部分：第一部分為了符合「中華民國」憲法以及兩岸人民關係條例，歷史「課程綱要」提到「中國」，全部改為「中國大陸」，更增列兩岸分治單元。第二部分在公民與社會「課程綱要」中，為了配合國際脈動，增加自由貿易與區域整合內容；也特別增加分配正義等內容，強調經濟成長之外，資源也應平均分配。第三部分則是內容勘誤，例如將「外資」還原為「外貿」。第四部分則是根據「歷史現實」，將日本統治改為日本「殖民」統治，接收臺灣改為「光復」臺灣；此外也將二二八事件從原本的小事件提高到「重點」欄位（天下雜誌，2015.6.17）。

　　面對上述涉及「歷史現實」具體改變、「歷史觀點」用字遣詞調整的高中課程綱要「微調」，前教育部長杜正勝批評這次課程綱要微調以「行政命令」組成非法的「天降檢核小組」，跳過專業課綱學者及基層教師，而由「非專業」的委員組成，有行政裁量權過於擴大與濫權的問題。曾任普通高級中學歷史課綱修訂小組委員的臺灣大學歷史系教授周婉窈認為教育部以「微調」之名，行「大改」「特改」之實，不是「微調」而是「違調」，這是精神違法（Yahoo!奇摩新聞，2015.7.29）；輔仁大學歷史系教授陳君愷也指出此次「課程綱要」微調根本不是「微調」而是「大改」，未取得學術共識，違反歷史追求真相，程序違法更不容於民主社會，直批馬政府大搞「威權復辟！」；板橋高中歷史老師黃惠貞也認為教科書不需要變成社會意識型態的戰場，但是也不可以變相成為執政者意識型態的一言堂。相對地「高級中等學校及國民中小學社會、語文領域檢核工作小組」總召集人世新大學教授王曉波則認為此次課程綱要「微調」是依據「中華民國」憲法與臺灣人民主體性兩原則進行調整，根據中華民國憲法，臺灣地區和大陸地區同屬一個中國，不存在主權和領土割裂問題，只是政治對立問題；另一位「檢核小組」委員張亞中也是捍衛國史聯盟召集人，更強調「微調」後的新「課程綱要」提升臺灣在中國近代史的地位，提升臺灣人民的歷史尊嚴，提升臺灣人民在兩岸中的地位（Yahoo!奇摩新聞，2015.8.4）。

　　由於此次普通高級中學「課程綱要」微調的會議資訊未公開以致反對者質疑，而且「高級中等學校及國民中小學社會、語文領域檢核工作小

組」成員包括總召集人王曉波爲現任「中國統一聯盟」副主席，張亞中是現任「兩岸統合學會」理事長，語文領域召集人謝大寧爲現任「兩岸統合學會」秘書長，陳昭瑛、潘朝陽、黃麗生與李功勤等皆與統派團體「夏潮聯合會」有密切關係充滿「親中統派色彩」，社會領域召集人國史館呂芳上館長是前任中國國民黨黨史會總幹事，公民與社會組的包宗和與朱雲鵬更是馬英九總統的兩岸政策核心幕僚，因此，被質疑爲何「檢核小組」成員裡有那麼多位「統派學者」，大中國意識型態掛帥，但課綱微調成員中無一是「獨派學者」，甚至也無任何一位「臺灣史」及「原住民族」的專業學者。因此，教育部有責任釐清「檢核小組」的職權與成員選擇依據，教育部卻沒說明這些「檢核小組」成員是依據什麼標準選出？是以，此波課綱微調引發諸多爭議。

四、「中國意識」與「臺灣意識」的爭議

　　尤其是「檢核小組」應爲教科書「檢核」而非課程綱要「修訂調整」之工作小組，其設置並非常態，是正式課程綱要研究發展機制之外的臨時編組，教育部提供的2013年（民國102年）3月8日檢核小組會議紀錄，記載成立「檢核小組」是爲了「檢核」教科書用詞，正式討論的提案也是在處理教科書「檢核」，但「檢核小組會議」成員卻突然提出「臨時動議」，由「檢核小組」直接發動「微調」課程綱要，而不只是「檢核」教科書，此一會議紀錄似乎證實了課綱微調的發動是未經授權且逾「檢核小組」職權的違法作爲，甚至更進一步直接將「課程綱要」內容的「中國」改爲「中國大陸」，日本統治時期須加註「殖民」等，不只強調「漢人本位」的「大漢沙文主義」與「中國沙文主義」，更強調「臺灣是中國的一部分」，灌輸學生特定的「中國」意識型態，不僅反對「去中國化」（de-Chinese-isation）史觀，更採用「大中國」的「中國本位」（China-based）史觀與「中國化」（Chinese-isation）立場改寫高中歷史課程綱要內容，引發課綱內容「去臺灣化」、過程黑箱之強烈質疑；例如「反黑箱課綱行動聯盟」（2015）等社團批評「微調」的審議過程嚴重違反程序正

義，呼籲拒絕黑箱微調課綱；「臺灣人權促進會」更對此次課程綱要微調程序提起訴訟，臺北高等行政法院則因為教育部不願意提供課審會委員意見書，根據《政府資訊公開法》判決教育部敗訴；全臺200多所高中師生群起抗議拒絕並要求撤回黑箱反專業的微調課綱（大紀元，2015.6.8）；民間社團揚言要赴監察院要求彈劾吳思華（新頭殼，2015.6.9），抗議教育部假「微調」之名大調特調實質內容，更動歷史課綱字數高達60%以上（ETtoday新聞雲，2015.7.24），2015年（民國104年）年7月23日學生不滿教育部回應跳針，深夜攀越拒馬或鐵絲網闖入教育部攻占部長辦公室，反課綱脫序，共有33名成員遭警方逮捕，各界譁然。

　　教育部長吳思華盼回歸教育中道，進行理性對話，強調此次課程綱要微調的審議符合程序民主且內容合法，並進一步採取「新舊版教科書併行」、「爭議部分不列入考題」、「推動大家一起寫教材計畫」三原則（中央通訊社，2015.6.27），保留第一線教師選書彈性，藉此讓教師引導學生理性思辨，並再次重申本次課程綱要微調，自2013年（民國102年）8月1日啟動，至2014年（民國103年）1月27日完成審議程序，2月發布，期間歷時半年，歷經國教院委託課務發展工作圈進行課程綱要檢視，經工作圈邀集17個學科中心蒐集意見，並由國教院邀請曾參與或現任之課綱審定委員、教科書編者與審定委員等相關學科領域學者專家，組成檢核工作小組，進行各該課程微調之統籌與規劃，經召開12次相關會議蒐集意見並參採課務發展工作圈之意見綜整，就初擬之草案召開北、中、南三區共3場次公聽會廣徵全國教師及社會各界意見，依公聽諮詢結果修正課程綱要草案，經國教院課程研究發展會大會專業審查後，呈報教育部召開課程審議會，並經交高中分組會議完成審議後，送課程審議會大會決議通過課程綱要微調；同時，依《行政程序法》之規定，送行政院公報中心於103年2月10日發布後實施，完全符合法定程序。其程序正是「由下而上」型塑課綱微調內容，並無不尊重專業情事。而且高中學生反課綱，一大理由是「黑箱作業」，未公布課審會委員名單及開會紀錄，高等行政法院雖判決相關資訊攸關公益，有公開之必要，但最高行政法院已駁回判決翻案（Yahoo!奇摩新聞，2016.6.25），認為課審會委員名單等資料不公開，是基於「保

障委員暢所欲言，無所瞻顧，坦率交換意見及思考辯論」等正當理由可拒絕公開，並指原審判決並未斟酌「審議資訊是否高度敏感？公開是否損害審議品質？審議委員個人資訊、隱私之敏感性？」因此撤銷高等行政法院判決，形同打臉反「課綱微調」的學生。

監察院2014年（民國103年）7月22日亦已調查確認此次高中課程綱要微調程序，由國家教育研究院組成「高級中等學校及國民中小學社會、語文領域檢核工作小組」研議，再送經國家教育研究院「十二年國民基本教育課程研究發展會」討　，再由教育部「十二年國民基本教育課程審議會」（103年8月5日教育部已修正發布為「高級中等以下學校課程審議會」）決議，肯定教育部程序及內容上並無不當，特別是其內容有無不妥，理應尊重相關專業審議委員會合議制決議之決定；且高等行政法院2015年（民國104年）2月12日並未判定課綱微調違法，是以此次高中課程綱要微調程序及內容均合法；鑑於政府資訊公開法第十八條第一項第三款規定賦予政府機關衡酌整體公共利益之裁量權限，為確保爾後參與政府機關類此內部諮商會議之委員能暢所欲言並進行詳實思考辯論，教育部已就委員名單及個人發言部分資訊是否公開提起上訴，課程綱要審議所有會議紀錄目前均已公開上網，教育部並保證此次課綱微調不影響教師自主權及學生考試權，讓新舊版教科書併行，並尊重各校教師專業自主選擇教科書自編教材，新舊版教科書差異部分爭議，不列入大學入學考試命題，即刻啟動課綱檢討，同步推動大家一起寫教材計畫（教育部電子報，2015.7.24），然不少學者專家及高中師生仍呼籲，違反程序正義的黑箱反專業課綱不該上路（黃政傑，2016）。

為回應外界對此次課程綱要微調之關注，經過2015年（民國104年）年8月4日上午立法院全院委員談話會宣讀朝野協商結論「各黨團同意建議教育部依《高級中等教育法》第四十三條規定，立即啟動『高級中等以下學校課程審議會』進行課綱檢討；104學年度教科書由各學校自由選擇。」雖然學生們未達到一開始訴求的「撤回103高中課綱」，但教育部答應於8月底前重新啟動「高級中等以下學校課程審議會」進行課程綱要檢討，讓課程綱要修正回應各方需求，且委員組成、審議程序、專業對話

也會更嚴謹辦理，以蒐集整理有關課綱不同意見作為課綱附錄，並辦理高中歷史教師研討會引導思考「探究教學」開放不同意見討論，同時行政院也要擬定「教育中立法」，透過法律規範確保教育環境的專業與單純（中廣新聞網，2015.8.6），反課綱學生也暫因蘇迪勒颱風來襲於2015年（民國104年）年8月6日晚間8點「即刻退場」，表面上暫時結束長達7天162小時占領教育部廣場的反課綱抗爭（中央通訊社，2015.8.6），但是，學生仍以徒步方式繞行臺灣各地以示持續抗爭，暗潮依舊洶湧。

　　教育部旋即於2015年（民國104年）年8月28日上午10點在國家教育研究院臺北院區（臺北市和平東路一段179號）召開「高級中等以下學校課程審議會」進行課程綱要檢討，然「北區反課綱高校聯盟」的學生代表仍在會場外面集結並舉著「吾思臺、汝思華」等標語，數度衝撞要進入會場不果後，靜坐抗議（如圖1.1），公開要求「尊重多元文化」與「拒絕單一史觀」（如圖1.2），特別是提出「一、重組課審會成員。二、公布之前委員名單及會議紀錄，並承諾未來審議資訊即時公開。三、課審會須保障多元族群參與。四、課審會增列學生代表席次。」等四點訴求。

　　2015年8月28日「北區反課綱高校聯盟」在國教院抗爭（圖1.1）訴求（圖1.2）

✿圖1.1　　　　　　　　　　　　　　✿圖1.2

　　教育部2015年（104年）8月28日召開的「高級中等以下學校課程審議會」審議大會，特別針對本次「103高中課綱」微調並引發各界關注及對政府資訊公開之意見進行檢討，會中決議依據「高級中等以下學校課程審議會作業要點」第十四點第二項規定，成立「高級中等學校歷史課綱專家諮詢小組」，委員成員包含課程學者專家、歷史學科學者專家、高級中等學校歷史科教師及教育行政單位等代表，彙整各教育學術相關機關（構）、學校、法人及團體所推薦之委員名單，由教育部長依據領域和專長，考量性別、任職單位區域分布遴聘委員名單包括課程學者專家有政治大學教育學系名譽教授黃炳煌（兼召集人）、南臺科大教育領導與評鑑研究所教授黃嘉雄與中華民國各級學校家長協會理事長李秀貞；歷史學科學者專家有臺灣史領域中研院臺灣史研究所長謝國興、中研院近代史研究所研究員林滿紅；臺灣原民史領域東華大學族群與關係文化系副教授林素珍；中國史領域中研院近代史研究所特聘講座陳永發、中研院歷史語言研究所特聘研究員王明珂；世界史領域政治大學歷史系教授周惠民；高中歷史科教師有歷史學科中心種子教師臺北市立中山女子高級中學老師李彥龍、高雄市立瑞祥高級中學老師倪心正與臺中第二高級中學老師伍少俠；歷史科專任教師中興大學附屬高級農業職業學校老師趙育農、臺北市立啟明高級中學老師李佩欣、新北市立北大高級中學老師朱肇維及雲林縣立麥寮高級中學老師許倪菁；教育部及所屬機關（構）代表為教育部國民及學前教育署高中及高職教育組副組長韓春樹，將儘速啟動相關研商會議，讓「高級中等學校歷史課綱專家諮詢小組」能順利運作，透過專業討論形成共識，負責釐清新舊課綱爭議點，而且「高級中等學校歷史課綱專家諮詢小組」的會議運作，除公布會議紀錄外，委員名單及個別委員發言摘要均須對外公開。

　　「高級中等以下學校課程審議會」也建議「高級中等學校歷史課綱專家諮詢小組」應積極考量全程網路直播或開放師生旁聽，2015年12月5日召開的「高級中等學校歷史課綱專家諮詢小組」會議也開放30個旁聽名額，並依登記先後順序入場，但旁聽者需遵守相關規定，包括：不得鼓噪、喧鬧、破壞公物、妨礙或干擾會議進行，禁止攜帶標語、海報、各式

布條、旗幟、棍棒、無線麥克風或其他危險物品，不得在會場攝影、錄影、錄音、飲食，也不開放旁聽者發言。若違反規定、有妨礙會議秩序等不當行為者，得終止旁聽，命其離開會場，情節重大者，將不再受理其後續會議的旁聽申請。希望「課綱爭議」回歸理性對話，更希望歷史回歸教育專業，史實回歸教育專業討論，講述歷史需用客觀中性用詞論述，而不是將個人的意識型態投射在歷史之中，史觀要客觀，而不是依照個人偏好或者政治立場，來改寫歷史用詞，若需修正，還須完成修正程序，經「高級中等以下學校課程審議會」通過後，才能公告發布。

五、「中國國民黨」與「民主進步黨」的爭議

此波由受教的高中生群起抗議之普通高級中學課程綱要「微調」涉及有關部分史實、事件脈絡與不同史觀之爭，看來似乎是涉及已存在國內多年以來傳統藍綠政黨「意識型態」對立的問題，特別是課程綱要已經淪為政黨有關統獨鬥爭的戰場，中國國民黨主要訴求「中華民國史觀」並指控民主進步黨利用學生，民主進步黨主要訴求「臺灣主體」和課程綱要微調違法及內容錯誤，彰顯了課程綱要微調及政黨政治與歷史觀點的複雜關係（黃政傑，2015），特別是我國的「課程綱要」是學校教科用書、教師教學及學生學習以及未來參加升學考試的主要依據內容，事關重大，而且深入分析此一「課綱微調」事件有其獨特的歷史脈絡、社會氛圍、思想潮流，必須從整體臺灣社會的民主發展脈絡與「國家定位」的認同爭議來看「課程綱要」、學校教育與政治權力之間的複雜關係，甚至涉及了不同「歷史觀點」與課程設計理論取向的「學術典範」爭議（蔡清田，2016），特別是課程綱要內涵蘊藏了「國家定位」的爭議，此一課程綱要「微調」爭議，似乎也涉及了中華民國民主政治與社會發展過程中有關「臺灣本位」v.s.「中國本位」的不同史觀，與「臺灣化」v.s.「中國化」不同立場的「文化認同」與「國家認同」之爭議問題，值得進一步深究。

尤其是，我國馬英九總統與中華人民共和國主席習近平於2015年（民國104年）11月7日在新加坡香格里拉大酒店進行「馬習會」，引起國際

矚目焦點，馬總統提出維繫兩岸和平繁榮現狀的五點主張：第一、鞏固「九二共識」，維持和平現狀，「永續和平與繁榮」是兩岸關係發展之目標，而「九二共識」為達到此一目標之關鍵基礎。第二、降低敵對狀態，和平處理爭端。兩岸目前已不再處於過去的衝突對立，雙方應持續降低敵對狀態，並以和平方式解決爭端。第三、擴大兩岸交流，增進互利雙贏。兩岸目前尚未結案的議題，例如貨貿協議、兩會互設機構、與陸客中轉等，應儘速處理，以創造兩岸雙贏。第四、設置兩岸熱線，處理急要問題。第五、兩岸共同合作，致力振興中華。兩岸人民同屬中華民族，都是炎黃子孫，享有共同的血緣、歷史與文化，兩岸應該互助合作，致力振興中華。當時中國國民黨文傳會主委林奕華表示，兩岸領導人的會面，是中國國民黨兩岸關係長期努力下的重大突破，在「九二共識」的基礎上，兩岸關係從化解對立發展至和平，「馬習會」應是進入合作雙贏階段的重大分水嶺，也是中國國民黨執政才能做到的突破（聯合新聞網，2015.11.4）。但有趣的是，當時民主進步黨主席蔡英文2015年（民國104年）11月8日卻公開批評「馬習會」悖離「臺灣」現狀，「看不見中華民國的存在」（Yahoo!奇摩新聞，2015.11.9）。

六、「中國化」與「臺灣化」的爭議

其實早在蔣經國總統於1987年（民國76年）解除戒嚴後，臺灣社會便朝民主化、自由化邁進，「臺灣主體」意識興起（王前龍，2000），便有了有關「臺灣化」v.s.「中國化」的不同立場傾向之「國家認同」，而學校課程也隨之改變（宋銘桓，2004），特別是1990年（民國79年）李登輝當選人民直接選舉產生的總統後，因應解嚴後的臺灣民主社會發展，行政院教育改革審議委員會便倡導教育鬆綁，教育部更提出「一綱多本」的教育政策並開放審定版教科書，將「課程標準」改為「課程綱要」作為教科書編寫依據，各級學校便不再受限於國立編譯館統一編審的教科書；雖然1995年（民國84年）編定的高中歷史課本，延續了1983年（民國72年）「課程標準」仍無臺灣史的概念，不過國高中課程已開始變化；尤其是教

育部於1995年公布普通高級中學課程綱要並於1999年（民國88年）開始實施稱爲「88高中課綱」，這是教育的大突破，其中「臺灣史」首次成爲獨立單元，歷史課程開始嘗試臺灣本土化；甚至1996年（民國85年）教育部長吳京正式規劃將臺灣社會相關歷史地理等統整成國民中學《認識臺灣》課程，這更是李登輝總統執政的重大政策（王前龍，2000；中時電子報，2015.8.1）。教育部於1998年9月30日公布《國民教育階段九年一貫課程總綱》其基本理念強調鄉土與國際意識：包括鄉土情、愛國心、世界觀等（教育部，1998），2008年（民國97年）修訂《國民中小學九年一貫課程綱要》則將課綱中所有「鄉土」用詞均改爲「本土」，以更強調臺灣主體的「本土」取代較模糊的「鄉土」（教育部，2008a）。其主要的更改重點包含「課程綱要」基本理念之「鄉土與國際意識」改爲「本土與國際意識」，學習領域內之「鄉土教育」改爲「本土教育」；實施要點之「鄉土語言」改爲「本土語言」、「鄉土教材」改爲「本土教材」。

2001年（民國90年）民主進步黨的陳水扁當選總統執政後，爲因應首屆實施《國民中小學九年一貫課程綱要》的學生於94學年度進入高中就讀，因此原先預計修訂高中課程綱要於94學年度施行，然時程來不及配合，且高中國文、歷史等課程內容爭論多，教育部乃順應各界要求，將此課程綱要延至95學年度施行（此即通稱的「95高中暫行課程綱要」）；教育部並擬於三年後修訂（亦即「98高中課綱」），教育部分別於2008年修訂《普通高級中學課程綱要》（教育部，2008b）；惟爭議仍大，又延後一年實施，高中自99學年度逐年實施；此乃「99高中課程綱要」，各界對此曾借用微軟公司的window95、98、XP稱此變動不已的高中課程綱要，代表對高中課程被學科意識型態綁架的現狀之不滿，需再調整。特別值得注意的是，此一有過渡性質的95年《普通高級中學暫行課程綱要》，由教育部長黃榮村聘請清大歷史系張元教授擔任高中歷史科課綱召集委員修定課綱，其中「臺灣史」放在「中國史」之前並首次獨立成冊，不再併入大中國脈絡，脫離中國史範圍，特別是還把明清併入世界史，主張學生應由本土歷史開始學習，進而學習中國史與世界史，因此歷史第一冊是臺灣史，第二冊是中國史，第三、四冊是世界史，此即遭受質疑的「同心圓史

觀」；2003年（民國92年）這份高中課綱草案首次公開，受到中國國民黨立委洪秀柱與親民黨委員李慶華、李慶安嚴厲批評這份課程綱要具「臺獨思想」，因此，張元辭去召集人職位，課程綱要的修訂暫停，陷入藍綠陣營的「中國化」與「臺灣化」立場紛爭。此份課綱在2004年（民國93年）教育部長杜正勝任內被重新推動，以《普通高級中學暫行課程綱要》名稱公布並在2006年（民國95年）開始使用，但因未完成完整修改流程，只能作為過渡用，被稱為「95高中暫行課程綱要」；杜正勝部長又聘請周梁楷擔任歷史科召集人繼續進行課綱修定，於2008年（民國97年）通過課綱並於2009年（民國98年）開始施行稱為「98高中課綱」；此外，2007年教育部也委託臺灣歷史學會訂定《海洋教育與教科書用詞檢核計畫》轉函各出版書商修正5,000個「不當用詞」，如「國父」得改為「先生」，「國字」得改為「中國字」，「國曆」得改為「陽曆」，「光復」得改為「戰後」等，作為通過審查的參考，引起中國國民黨、親民黨、新黨等藍營人士的批評。

2008年（民國97年）中國國民黨的馬英九當選總統執政後，擱置了上述「98高中課綱」的國文科與歷史科課綱，另組專案小組進行課程綱要調整，在2012年完成課綱修改對外公布並於2013年（民國102年，101學年度）實施稱為「101高中課綱」；然在「101高中課綱」實施不到一年後，教育部旋又以進行「錯字勘誤、內容補正及符合憲法之檢核」為由，組成「檢核小組」進行針對高中國文與社會科課綱的「用語微調」，經「檢核小組」改寫後的課程綱要於2013年1月27日經教育部「高級中等以下學校課程審議會」通過，教育部長蔣偉寧於2014年2月10日公布此「微調」後的課程綱要（通稱為「103高中課綱」），並訂於2015年（民國104年8月1日）正式實施，因此又稱為「104高中課綱」，此即為這次引發爭議的高中「課程綱要」（維基百科，2105.8.6）。此波高中課程綱要微調爭議，涉及「臺灣化」v.s.「中國化」不同立場傾向之爭議，特別是從2008年中國國民黨的馬英九擔任總統以來，採取「親中路線」，一直想拉近與中國的關係，任命親中統派色彩濃厚的課綱微調「檢核小組」及課綱微調後更向中國靠攏的「中國化」傾向與「中國本位」，都是其親中立場的具體反映。

　　由上可見，影響我國學校課程教學甚鉅，而且與教科書關係十分密切的「課程綱要」，歷經中國國民黨與民主進步黨的政黨輪替與教育部多次研修而有所調整「課程綱要」內容與觀點，有其獨特的歷史觀點、政治脈絡、社會氛圍、思想潮流，必須從整體臺灣社會的民主發展脈絡來看「國家認同」的歷史脈絡、社會氛圍、思想潮流、「課程綱要」與政治權力之間的複雜關係（Müller, 2011），甚至涉及了不同「歷史觀點」及課程設計意識型態理論取向的「學術典範」爭議（蔡清田，2016），不能簡化為藍綠政黨對立問題。尤其是，1987年（民國76年）7月15日蔣經國總統解除戒嚴令之前，臺灣的國高中不教臺灣史，國民中學到1997年（民國86年）才有《認識臺灣》課程；1999年「88高中課程綱要」開始有臺灣史的「單元」，但還是依附在中國史脈絡中；高中95暫綱則將臺灣史「獨立成冊」列第一學期，不再依附在中國史的架構中，主要是因應戒嚴時期的中國國民黨教育在解嚴後的改革，也是呼應臺灣社會自由化、民主化、本土化的趨勢！民主進步黨執政時期修訂高中95暫綱受到中國國民黨與親民黨質疑之後，再經三年討論修訂出高中98課綱，原訂2009年實施。

　　但是，2008年（民國97年）馬英九當選接任總統，中國國民黨重新執政後，成立高中98課綱修訂小組，繼續修訂課綱並於2012年（民國101年）實施稱為「101高中課綱」。前課綱修訂委員臺大歷史系教授周婉窈認為「101高中課綱」參與研修的教授大增，但因多數還是歷史學者，所以王曉波等人的主張無法完全得逞，但後來教育部又授權王曉波等人成立十一人「檢核小組」假「微調」之名「大改」臺灣史課綱；特別是此波高中課綱微調爭議主要集中在臺灣史部分，但「檢核小組」有兩位歷史學博士但不是臺灣史專家，專業不足、外行領導內行。就專業觀點而言，此次高中「課程綱要」的調整引起臺灣史學界的強烈反彈，主要爭議之一是因為「高級中等學校及國民中小學社會、語文領域檢核工作小組」的成員中幾乎沒有以臺灣史為專業的研究者，如「檢核小組」的王曉波與謝大寧專長為中國哲學思想，張亞中、包宗和為政治學者，朱雲鵬為經濟學者，黃麗生專長為東亞史，李功勤專長則是西方文明、國際關係、中國現代史、兩岸及臺灣現況發展，多數皆非「臺灣史」專長，卻大幅改寫了先前由

二十餘位專業歷史學者共同決議的「101高中課綱」。王曉波先前提出的修改意見，在「101高中課綱」經歷史學家討論後，多數未被接受，但此次「檢核小組」利用「微調」名義修定「課程綱要」內容，似乎不盡符合臺灣歷史學界的建議方向。

　　此次「高中課綱微調」公聽會在2014年（民國103年）1月16、17日連辦三場，而且微調公聽會舉辦過程倉促，充滿問題而且程序有相當多瑕疵，許多利害關係人根本事前不知道或來不及報名參加諮詢，引起違反程序正義的質疑，教育部又趕在2014年（民國103年）2月10日正式公布調整後的課程綱要內容，讓外界錯愕，這次課綱微調事件顯示很難避免政治干涉，必須致力於建立一健全課程綱要研發機制，兼顧專業與民主參與，以透明公開為原則，課程綱要研修委員的聘任方式和任期不受政黨輪替影響，才是長久之計，才是教育之道（自由時報，2015.5.4）。對此，民進黨立委鄭麗君指出，教育部當初「微調」歷史課綱，草案公布後，倉促舉辦公聽會、草草定案，才會引發一連串抗爭。是以，此次教育部原先預計2015年（民國104年）10月23日起公布社會科的十二年國教領域課程綱要草案，並自11月25日舉行北、中、南、東分區公聽會，根本太匆促。鄭麗君質疑教育部想重施故技，趁立院明年元月休會，草草通過領域課程綱要。因此立法院教育委員會通過決議，要求教育部訂定十二年國民基本教育的歷史、地理、公民等社會科領域課程綱要，應廣徵各方意見，且草案公布四個月後，將於全國23個縣市至少各舉辦1場公聽會，即至少要辦23場，讓關心課綱人士有時間消化草案內容，充分表達意見，避免爭議再起（聯合報，2015.9.25）。

　　檢視我國現行各級學校所必須遵守的「課程綱要」與政治解嚴行政鬆綁之前的「課程標準」，都是由中央政府的教育部制定並公布，不僅是民間教科用書出版業者的教科書編輯內容依據，更影響學校教師的課程規劃設計與教學實施以及學生學習，更是國中生升學高中以及大學入學考試題目的主要來源依據。根據目前規定，我國現行中小學教科書也必須是經過國家教育研究院根據「課程綱要」進行審定，特別是「課程綱要」研修，乃是先由國家教育研究院提出課綱草案，再經國家教育研究院課程研究發

展會、教育部課程審議會審查通過後，再由教育部長公布，「課程綱要」研發機制似乎已逐漸步入正軌（蔡清田，2014），但「課程綱要」研發過程仍需依據當代教育需求及最新課程學研究發現（蔡清田，2015），透過社會大眾參與論辯，以合乎臺灣未來社會發展，而且課綱內容也須由「單一觀點」轉為包容「多元觀點」課程設計理論取向的「學術典範」，以免「課程綱要」此一「官方知識」的國家機器（Apple, 2003），淪為特定意識型態的社會控制（Apple, 1993），甚至淪為特定政黨洗腦灌輸再製與輪迴而重蹈覆轍（Apple, 1997），是以課綱爭議的出路有待透過「探究教學」（inquiry teaching）的「課程實驗」（柯華葳、秦葆琦，1986；蔡清田，2001；楊思偉，2009），引導學生探究思考「多元價值」觀點，培養能同情理解以因應不同政治立場「意識型態」洗腦灌輸，並透過系統思考與解決問題、多元文化與國際理解的國家認同等核心素養（蔡清田，2015），以便能積極地對抗霸權（蘇永明，2015），重建教育之道以化解衝突對立並促進社會發展，才是長久之計；特別是「課程實驗」的實施（蔡清田，2016），不只是一種緩進的「課程改革」，更是一種解決課程爭議的途徑（Pratt, 1994），本書稍後將進一步分章論述。

　　臺灣的學校「課程綱要」需奠基於社會的政治、文化與教育等脈絡之上，課程無法超越時空脈絡而存在，要將課程研究嵌入背景脈絡中，才有意義（歐用生，1990）。「課程綱要需因應時代和社會需要加以修訂」已經成為一個課程理論的常識（Oliva, 1988; Qi, 2009），必須回歸課程學研究的專業加以探究（蔡清田，2016）。臺灣歷次「課程綱要」的改革，也都提到是因應政策的時代社會需要。但因應「什麼」時代和社會需要？什麼樣的社會、歷史背景產生這些需要？幾乎很少被質疑。根據課程改革「一綱多本」的民主精神，就是企圖鬆綁過去以教育部統一編審教科書的戒嚴制度，改由教育部負責制定「課程綱要」，開放各出版商自行編寫學校教學所需教科書，但如果「課程綱要」與教科書依舊只有「單一觀點」而缺乏「多元論述」，極易淪為特定「意識型態」的灌輸，仍舊停留在不同政黨「意識型態」的極端觀點之間來回擺盪與再製輪迴，難以邁開大步向前走，促成社會進步。

七、「中國本位」與「臺灣本位」的爭議

　　由上可知，臺灣學界與社會各界人士針對「課程綱要」提出不同意見的爭議不是一朝一夕，「課程綱要」爭論是從1996年（民國85年）教育部規劃設置國民中學《認識臺灣》課程就已開始正式浮上檯面，且隨著臺灣社會民主發展歷經多次課程綱要的內容調整而爭議愈顯分明，由於對歷史的解釋都不只是針對課程的歷史事實與事件脈絡細節的不同看法，往往涉及如圖1-3所示的「中國本位」與「臺灣本位」的史觀意識型態之爭，牽動隱含而動態發展的「中國意識」與「臺灣意識」之政治敏感神經，因此「課程綱要」的研修與調整往往成爲眾所矚目的關注焦點，甚至激化了臺灣社會內部的「國家認同」問題，其主要分歧之一是：(一)有部分國人認爲自己是「中國人」，和中國大陸人民共同分享同一個中國都是中華民族「龍的傳人」，只是目前暫時居住在中國的臺灣，(二)又有部分國人認爲自己才是眞正繼承中華文化的中國人（「新中國人／臺灣人」），只是目前自己國家遭受破壞被中國大陸的共產黨竊占，但自己最終會以臺灣爲跳板，反攻大陸並光復國土，(三)另有部分國人認爲自己是「新臺灣人」，臺灣是一個新的獨立國家，稱爲臺灣，例如我國國民中學《認識臺灣（社會篇）》教科書，便以蕃薯象徵「臺灣人」的精神：「蕃薯不驚落土爛，只求枝葉代代湠（傳）」的句子，代表「臺灣人」落地生根的心情（國立編譯館，1997，3），而且由於閩南人及客家人來臺較早，而自稱爲本省人；對於其他省份的新移民則稱之爲外省人，原住民、閩南人、客家人，外省人（新住民）構成今天臺灣社會的四大族群（國立編譯館，1997，6），強調自由民主體制下的多元族群論述，表現出多元文化主義的「民族精神」（national spirit）。特別是2016年（民國105年）1月16日總統大選結果，主張「臺灣獨立」的民主進步黨總統候選人蔡英文以689萬票（56.1%的得票率），擊敗了「親中」的中國國民黨總統候選人朱立倫的381萬票（31%的得票率），以及親民黨總統候選人宋楚瑜的157萬票（12.8%的得票率），順利當選中華民國第14任總統，也是中華民國歷史上第一位女總統，更反映出圖1.3所示的「中國本位」與「臺灣本位」的史

觀意識型態之勢力消長與民意之歸趨。

| 中國人 | 中國化 | 新中國人／臺灣人 | 臺灣化 | 新臺灣人 |

| 中國本位 | 中國意識 | | 臺灣意識 | 臺灣本位 |

✿圖1.3　「中國本位」與「臺灣本位」的意識型態之爭

　　上述論述不僅牽涉到民族主義「國家認同」，特別是「民族」（nation）是指一群人有著歷史、文化與族裔的連帶，而感覺到他們是一個共同體（Kellas, 1991），其客觀因素包括種族、地域、語言、宗教、習俗、共同的歷史、政治經驗等，相同因素越多，則客觀基礎越強；主觀特性則在其成員相信他們皆同屬一個民族（黃有志，1995；張明貴，1998；王前龍，2000）；這也牽涉到自由主義「國家認同」，尤其是強調積極自由，主張擴大政府權責，利用國家權力來解除社會經濟勢力對個人自由的威脅，包括個人權利、多元寬容、立憲政府、國家中立、私有財產、市場經濟等六項基本原則（江宜樺，1998）。上述這些不同的立場觀點產生「國家認同」的不同「民族精神教育」（national spirit education）主張與學校教育課程改革的不同作法。而且，這種「民族精神教育」的既定教育政策，將「課程綱要」視為反共抗俄與復興中華文化，並以三民主義統一中國的「精神國防戰場」，不僅說明了「國家在教育中的角色」（朱敬一、戴華，1996），是透過國家政治決定教育，也是透過教育決定國家政治，更是透過這一代人的「意識型態」型塑下一代人的「國家認同」，甚至如朱敬一先生所說的「是這一代人在捏塑下一代人」。特別是和其他國家有所不同的是，中華民國政府在戒嚴時期所強調的「民族精神教育」是一種「愛國主義」的教育，甚至是一種學校課程內容傾向傳統中華民族的中國倫理道德文化，但卻同時反對中國共產黨的「中國化」教育改革，這是一種與中華民國「國家認同」及學校課程改革相關的「民族精神教育」，旨在培養臺灣社會的中華民國國民的「國家認同」共識以凝聚國家意志，包括中華民國政府所強調的中國國民黨政治倫理道德的「國家認

同」與中華民族傳統文化精神價值的「文化認同」，以便與他國區別。

　　臺灣人民對「國家認同」的爭議不是現在才有，這是早在1949年（民國38年）中華民國政府遷臺之後的國立編譯館「舟山模式」教科書編輯（陳伯璋，1987；歐用生，1989；黃政傑，1991；黃光雄、楊龍立，2012）與1978年（民國67年）「臺灣省國民學校教師研習會」的「板橋模式」課程實驗（吳清基，1994），都涉及了「臺灣化」v.s.「中國化」的不同立場之爭議，以及「臺灣本位」v.s.「中國本位」的不同史觀意識型態的「國家認同」紛爭；因此當前的「課程綱要」研修相關人員必須確實回顧反省過去「記取歷史教訓」，以跳脫「單一觀點」意識型態偏見並終止政黨統獨之爭惡鬥的洗腦灌輸，以避免課綱爭議一再捲入了上一世代「意識型態」戰爭的再製與更替輪迴，或可透過學校教育啟蒙的「探究教學」之「課程實驗」培養下一世代學生的系統思考與解決問題等「核心素養」（蔡清田，2014），讓新時代的學生能以系統思考瞭解上一世代想法與當前各方不同意見觀點，並學會同情理解和包容異己，以便能積極合理地共商對策以因應對抗「意識型態」霸權（蘇永明，2015），而能有效地解決其所面對的問題，並能從回溯過去的陰影走出來「破繭而出」，前瞻未來並邁向明日社會的生活世界（Pinar, 2015），本書稍後各章節將進一步詳細說明。

　　就課程學的研究專業而言，嚴謹的課程改革都要經過研究規劃、實驗設計、發展內容、實驗試辦實施和評鑑修訂等階段（黃光雄、蔡清田，2015），每一階段都有其特定任務和功能，如此才能使課程改革臻於完善。但多數國家的「課程綱要」修訂與教科書設計都缺少課程學研究專業嚴謹的課程研究實驗階段（歐用生、白亦方、黃嘉雄，2008），因此，本書以「課程綱要」研修關係密切的「臺灣省國民學校教師研習會」「課程實驗」（curriculum experiment）作為「臺灣經驗」的一個「課程研究」（curriculum research）案例，並從課程學的研究專業觀點（蔡清田，2008），與非知不可的課程學新概念（蔡清田，2016），探究「臺灣省國民學校教師研習會」社會科探究教學的「課程實驗」相關策略，冀能找出有效解決「課綱爭議」的出路。本書第一章第二節課程實驗的概述，

稍後將描述中華民國臺灣的「課程實驗」黃金年代，特別是政府解除戒嚴令之前的1978年（民國67年）至1987年（民國76年）期間，位於臺北板橋的「臺灣省國民學校教師研習會」所進行的「課程實驗」（吳清基，1994），亦即「板橋模式」國民小學社會科探究教學「課程實驗」，同時併呈「臺灣化」v.s.「中國化」的不同「國家認同」立場，以及「臺灣本位」v.s.「中國本位」的兩種不同史觀意識型態，讓「課程實驗」史料自己說話，進而討論「臺灣省國民學校教師研習會」此一「課程實驗」的社會政治時代背景脈絡意義與價值；是以，作者闡述本章課程實驗之緒論第一節課程綱要的爭議，接下來，將進行第二節課程實驗的概述與第三節課程實驗的分析，進而透過第二章課程實驗之規劃，分析此一課程實驗之課程規劃（curriculum planning）的途徑；第三章課程實驗之變革，分析此一課程變革（curriculum change）的本質；第四章課程實驗之發展，分析此一課程發展（curriculum development）的歷程；第五章課程實驗之推廣，分析此一課程推廣（curriculum dissemination）的策略；第六章課程實驗之評鑑，分析此一課程評鑑（curriculum evaluation）的方法；第七章課程實驗之結論，作者最後從評議的觀點，檢視此一「課程實驗」，其目的期望能理解「在何種條件下，臺灣省國民學校教師研習會得以成功的推動此一臺灣經驗的『課程實驗』，達成課程變革？」茲依序分章節論述如次。

第二節　課程實驗的概述

本節運用了課程研究的回溯觀點（Pinar, 2015），進行「課程實驗的概述」，論述「臺灣省國民學校教師研習會」所負責進行的社會科探究教學「課程實驗」之背景，說明我國解除戒嚴令之前的1978年（民國67年）至1987年（民國76年）期間的此一「課程實驗」黃金年代，「臺灣省國民學校教師研習會」如何透過社會科探究教學「課程實驗」與「民主精神教育」提升國民民主素養的課程改革之時代背景與社會文化脈絡情境。值得注意的是，就臺灣學校課程的社會政治、文化與教育等脈絡而言，由於「中國國民黨」與「中國共產黨」在中國大陸全面爆發「國共內戰」，

1949年（民國38年）5月19日由「中華民國」臺灣省政府主席兼臺灣省警備總司令陳誠頒布《臺灣省警備總司令部布告戒字第壹號》的戒嚴令，宣告自同年5月20日零時起，在臺灣省全境（含臺灣本島、澎湖群島及其他附屬島嶼）實施戒嚴，《臺灣省戒嚴令》頒布後，中國大陸的情勢持續惡化，「中華民國」政府於12月播遷來臺灣，而中國大陸則由中國共產黨成立「中華人民共和國」，臺灣海峽兩岸開始進入長期對峙狀態，直至民國76年（1987年）7月15日由蔣經國總統宣布解嚴為止，在臺灣歷史上，此戒嚴令實行的時期又被稱為「戒嚴時期」。

「戒嚴時期」「中國國民黨」執政的「中華民國」政府在聯合國是唯一合法的中國政府，一方面藉由外交途徑接受了美國軍事援助與政治支持協防臺灣安全，另一方面則透過臺灣內部學校教育的「民族精神教育」（national spirit education），以抵抗「中國共產黨」化身的「噴火巨龍」不時噴出共產赤焰威脅恫嚇及張牙舞爪發射砲彈並派兵攻打臺灣之軍事行動。而且，和其他國家有所不同，中華民國政府與中國國民黨所強調的「民族精神教育」是一種「愛國主義」的教育，甚至是一種學校課程內容傾向傳統中華民族的倫理道德文化，但卻同時反對中國共產黨的「中國化」教育改革，這是一種與中華民國「國家認同」及學校課程改革相關的民族精神教育，是由學校之外，甚至是教育之外的政治權威所決定，旨在培養臺灣社會的中華民國國民共識以凝聚國家意志，而且與政府權威及國家認同和臺灣社會未來發展關係密切，不僅在追求中華民族的榮譽，尚包括中華民國政府所強調的中國國民黨政治倫理道德與中華民族傳統文化精神價值，特別是中華民國國父與中國國民黨總理孫中山先生所強調的「民族主義」、「民權主義」、「民生主義」等三民主義，以便與他國區別。換句話說，除了培養中華民國國民的國家意識，亦意圖復興中華民族文化與中國國民黨三民主義的倫理道德價值及儒家主張的忠、孝、仁、愛、信、義、和、平等八德之價值所形成的相關學校教育與課程改革（教育部，1992；錢富美，1998），這是當時中華民國政權與中國國民黨三民主義思潮下被國人視為「理所當然」的一種「理想的課程」或「理念的課程」（Goodlad, 1979），也是一種由中華民國政府所強調的中國國民黨三

民主義思想信仰所形成的「意識型態的課程」（Apple, 1979）。因此，如下圖1.4所示戒嚴時期「中華民國」臺灣校園當中普遍豎立國父孫中山先生的銅像做爲臺灣校園的守護神，並透過境教強調三民主義的學習。

✿圖1.4　豎立在臺灣校園的國父孫中山先生銅像

　　特別是「中華民國」臺灣學校教育的「民族精神教育」與愛國教育，一直都是左右臺灣政治解嚴之前的「課程標準」（「課程綱要」的前身）與學校教科書之重要教育思潮（陳伯璋，1987；歐用生，1989；黃政傑，1991；黃光雄、楊龍立，2012），「課程標準以民族精神教育和生活教育爲中心」是歷次課程標準一直強調的，特別是「中國化」的「民族精神教育」與愛國教育意識型態隨著「課程標準」的修訂，越來越濃，而在1975年（民國64年）的「課程標準」達到高峰，當年8月教育部公布施行的「課程標準」特別強調「國民小學教育以培育活活潑潑的兒童、堂堂正正的國民爲目的，要依據三民主義，注重倫理、民主、科學教育之實施，加強民族精神教育及生活教育，力求德、智、體、群四育之均衡發展」，而且本次第一次出現：「本課程標準是課程編制的基準，各科須依據本課程標準中之各項規定實施之」（教育部，1975.8），具有強烈的「民族精神

教育」控制色彩（歐用生，1990）。「民族精神教育」與愛國教育更是當時國民的基本素養（歐用生、楊智穎，2011），而且社會領域課程與臺灣民主教育發展的促進關係密切（章五奇，2015）。然而，值得注意的是這種被當成是理所當然的課程改革，極可能受政治權威和政黨意識型態的影響，衍生「法西斯主義」的政治意圖（Buras, 2008; Gabbard, 2007; Giroux, 2005; Nicholson-Goodman, 2009）。

換言之，中華民國政府要求學校課程應該要以中國國民黨「三民主義」的倫理、民主、科學三大原則為基礎，對抗中國共產黨的文化大革命，並配合「中華文化復興運動」（錢富美，1998），以重整傳統倫理道德以利反攻復國，由政府進行重新規劃組織教科書內容，統一編印全國學生所需的教科書（國立編譯館，1988，38），而且由國立編譯館負責規劃協調並執行此一政策，學校教師及學生根本沒有參與教科書編輯的課程規劃或任何選擇教科書的討論機會。此時教育部公布的「課程標準」等「正式規劃的課程」之課程計畫，及國立編譯館統一編審「資源支持的課程」等教學指引與教科書，皆由「民族精神教育」之政治意識型態所主導。特別是國立編譯館強調：國民教育是國家教育的基礎，國民教育的中小學教科書攸關民族精神、愛國意識的建立，而且應提供生活所需知識與技巧上的訓練及增加民族文化的成就感。因此，學校教學內容宜由國立編譯館統一編撰（國立編譯館，1993a, 15）。所以自1968年（民國57年）起，配合實施九年國民義務教育，國民小學社會科教科書皆由國立編譯館統一進行規劃編輯及供應，並透過公民、歷史、地理等科目統整，以加強「民族精神教育」。

因此「中國化」的「民族精神教育」等愛國教育，對解嚴前的臺灣學校教育與教科書的影響相當深遠，值得重視。例如前教育部長吳清基主張中小學朝會恢復唱國歌，以落實愛國教育，並指出愛國教育應該要融合各科的教學，「覆巢之下無完卵、沒有國哪有家」，因此，教育部希望國中小學及大學朝會、週會等集會恢復唱國歌（中國時報，2010.10.17），然而，這也引發部分輿論反彈，批評愛國教育不能變成教條主義，而且唱國歌並不等於愛國，應該先釐清「國家認同」問題。民進黨籍立委陳亭妃

隔天2010年（民國99年）10月18日上午便在立法院質疑前教育部長吳清基一面推動「陸生三法」，一面又要求要推廣愛國教育，根本是「此地無銀三百兩」，可見臺灣內部仍舊存在著不同觀點的「國家認同」之爭。有趣的是自2013年（民國102年）3月臺灣擴大承認中國大陸211工程為主的111所高等院校（大學）學歷，開放承認191所大陸專科學校學歷並開放接納中國大陸專科學校或高等院校專科部應屆畢業生申請二年制學士班，而中國大陸則承認臺灣全部164所大學學歷，海峽兩岸已由文化交流大步邁向教育合作，但是臺灣內部的「國家認同」問題仍舊未能獲得共識（江宜樺，1998）。

值得關注的是2015年（民國104年）8月12日深夜中國大陸天津濱海新區發生爆炸事故，發生死傷慘重的大爆炸，我國「行政院大陸委員會」（簡稱陸委會）與「海峽交流基金會」（簡稱海基會）13日都已經在第一時間表達關切慰問，也表達願意提供一切必要的協助，「似乎中國跌倒，臺灣也不好」：2015年（民國104年）6月27日晚間8點30分新北市八仙樂園發生粉塵爆炸事件造成多人傷亡，中國大陸「國務院臺灣事務辦公室」（簡稱國臺辦）與「海峽兩岸關係協會」（簡稱海協會）對受傷兩岸同胞表達慰問，希望他們得到及時妥善救治，早日康復，兩岸關係彼此關懷「有如一家親」。這說明了蔣經國總統於1987年（民國76年）解除戒嚴後，臺灣海峽兩岸自1949年（民國38年）長久以來政治對峙與軍事對立關係漸趨和緩，臺灣人民與中國大陸同胞往來越趨頻繁，經濟貿易與教育文化交流也日趨熱絡。特別是西元2008年（民國97年）臺灣選民票選出「中國國民黨」的馬英九先生當選為中華民國總統，臺灣與中國大陸正式進行海空直航交流，並擴大政府與民間「大三通」的通郵、通商、通航等規模範疇，共同簽署了有關兩岸經濟、民生、社會等九項協議，還達成了大陸資本赴臺灣投資的原則共識，兩岸全面直接雙向三通基本實現，兩岸經濟交往走向正常化，兩岸同胞交流取得實質性進展，兩岸關係展現和平發展新局面。2009年（民國98年）5月26日到北京訪問的中國國民黨主席吳伯雄，也在人民大會堂會晤中國共產黨總書記胡錦濤，胡錦濤更引述唐代詩人王之渙的名句「欲窮千里目，更上一層樓」指出，要不斷開創「兩岸關

係」新局，臺灣海峽兩岸之間的關係峰迴路轉有如春暖花開，不同於之前的兩岸政治緊張與軍事對峙，但是當前中華民國前副總統也是前中國國民黨主席連戰2015年（民國104年）9月3日為緬懷八年對日抗戰勝利七十週年紀念，受邀到北京天安門大樓參加中國大陸閱兵參觀「中國人民解放軍」武力展現，中國大陸「國務院臺灣事務辦公室」發言人馬曉光說，臺灣各界人士參加北京閱兵紀念活動，有利於「繼續在堅持『九二共識』、反對臺獨的共同政治基礎上，推動兩岸關係和平發展」。但馬英九總統認為連戰此舉「偏離國家立場，有負國人期待，感到非常痛心與遺憾」，臺灣朝野各界也對連戰普遍反彈批判聲浪罵聲連連，特別是臺灣團結聯盟抗議高喊「賣國賊」，另外前總統呂秀蓮和多位綠營人士大陣仗前往高檢署，申告連戰涉嫌違反國家安全法和刑法通敵外患罪，中國國民黨黨主席朱立倫對此回應會交由考紀會、中常會等相關單位共同討論此案是否違反黨紀，此時兩岸複雜多變的政經軍事關係似乎又觸動了有關「臺灣本位」v.s.「中國本位」不同史觀的意識型態政治敏感神經，再度激化了臺灣內部「臺灣化」v.s.「中國化」不同政治立場的「國家認同」路線之爭。

讓臺灣人民印象深刻的是，2000年（民國89年）3月18日，臺灣選民票選出第一位民主進步黨的中華民國總統，民進黨是中國國民黨自1949年（民國38年）在臺灣近五十年長期執政以來的最大反對黨，而且民進黨也一直標榜著「臺灣獨立」的政見與口號。值得特別注意的是，早在2000年選舉之前，中國大陸當局就已將數以百計的飛彈瞄準臺灣，這種武力威嚇，應驗了1996年（民國85年）「中國人民解放軍」對臺灣發射三枚飛彈的事件，尤其是1996年的總統選舉是中華民族五千多年歷史文化以來，臺灣第一次由人民直接選舉出中華民國總統，而且當時美國也派出兩艘航空母艦巡防臺灣，形成臺灣海峽的波濤洶湧與兩岸對峙的緊張關係形勢驟然升高，這種獨特政治社會時空背景之下的臺灣，頓時吸引全球目光，成為舉世注目的焦點（Tsai & Bridges, 1997）。這些事件，反映了中華民國的臺灣社會過去多年來的課程改革之政治脈絡情境（蔡清田，2001）。

更值得關注的是，2009年（民國98年）3月代表中華民國臺灣的「中華隊」在「世界經典棒球賽」輸給中國代表隊，一時「臺灣本位」主體意

識高漲；同一時間來自中國大陸的「家電下鄉」、山寨版產品的緊急訂單效應與開放陸資來臺投資，活絡了臺灣產業外銷需求而及時挽救了處於瀕臨空頭危機的臺灣經濟市場，而且一波未息一波又起的大陸觀光客接二連三地來臺旅遊血拚也激勵臺灣內需消費經濟，讓臺灣人民深切地感受到政治上內部有藍綠統獨意識型態之撕裂，外部有中共「反分裂」的威脅，在經濟上則面臨雙重挑戰——市場經濟的全球化趨勢及臺灣經濟體與中國經濟體關係之定位（洪裕宏，2008）；特別是「中國威脅」已經不僅是臺灣海峽邊境之外的飛彈威嚇、外交封殺與銀彈攻勢，攸關國家經濟發展如2010年（民國99年）6月海峽兩岸簽訂《經濟合作架構協議》（簡稱ECFA）並持續包括貨品貿易及服務貿易等各項談判協議，對臺灣衝擊相當大，而且中國大陸經濟下行與全球經濟震盪，影響臺灣出口，中國大陸又力推「紅色供應鏈」強化中國大陸科技供應鏈，對臺灣經濟威脅加劇；再加上2014年（民國103年）3月18日臺灣大學生藉由「太陽花學運」號召「社會參與」的民主運動，透過進入民主殿堂的「立法院」表達對「反對服貿黑箱作業」的訴求，以及後續2015年（民國104年）年7月23日臺灣高中生反對「大中國」／「中國化」／「中國本位」單一史觀課綱微調而占領教育部長辦公室；一方面中國大陸不僅透過政治經濟軍事影響臺灣社會生存命脈的競爭力，另一方面中國大陸也影響衝擊了臺灣學校教育問題。因此，教育改革如何加以因應臺灣海峽兩岸複雜關係，必須審慎以對，似乎透過「民主精神教育」方式進行探究教學的「課程實驗」，以建構合適的學習環境，進而提升臺灣學生的國民核心素養（蔡清田，2014；2015），已是當務之急。

　　特別是在「臺灣主體」意識模糊而陷入爭議的撲朔迷離情況下，「國家認同」是一個有趣而值得深入探究的問題，這不僅涉及了臺灣海峽兩岸「中華民國」與「中華人民共和國」之間（in/between）陰晴不定的複雜多變關係，更涉及臺灣內部有關「臺灣化」v.s.「中國化」不同政治立場，以及「臺灣本位」v.s.「中國本位」的不同史觀與「國家認同」之間（in/between）的意識型態不斷鬥爭。特別是在臺灣社會解除戒嚴令之前的1978年（民國67年）至1987年（民國76年）期間，企圖透過國民學校教

育課程強調臺灣是中華民國的一部分，強化「民族精神教育」以培養「活活潑潑的好兒童、堂堂正正的中國人」爲目的，透過「神祕」的國家機器以國民學校教育社會課程，一方面強調「臺灣人」就是「中國人」，另一方面也企圖培養「新中國／臺灣人」甚至「新臺灣人」的「民族精神」思想。這不僅說明了在型塑「國家認同」／「文化認同」的過程中，學校教育扮演重要的民族精神教育國家機器角色（Anderson, 1983; Hein & Selden, 2000; Schissler & Soysal, 2005; Vickers & Jones, 2005）。「民族精神教育」與「民主精神教育」也是一場在臺灣透過國民學校教育課程進行「中國化」與「臺灣化」的政治權力鬥爭，更是臺灣社會的民主教育、文化認同與國家認同之奮鬥過程。

　　臺灣解除戒嚴令之前的「民族精神教育」不只是一種政治教育，而且道德倫理教育更是其核心價值，它顯示「國家認同」可與「文化認同」的某些中華民族文化道德倫理價值觀結合。特別是對生活在臺灣的「某些人」（如傳統的「中國人」）而言，「臺灣人」是指生活在臺灣且能遵循傳統中華民族文化思想和實踐道德倫理價值的「中國人」。對生活在臺灣的「另外有些人」（如「新中國人／臺灣人」與「新臺灣人」）則希望藉引進西方的「民主精神教育」以尋求建立一個新身分的文化認同與國家認同，但「民主精神教育」是需要探究教學、公開討論、批判思考等配套措施，但有趣的是這些「民主精神教育」配套措施卻挑戰「民族精神教育」權威引發中國傳統價值觀念的不安，反倒更加劇的臺灣人民有關「臺灣本位」v.s.「中國本位」的不同史觀與「臺灣化」v.s.「中國化」不同政治立場「國家認同」之間的意識型態不斷鬥爭與「文化認同」爭議。學校教育被認爲要一方面要透過「民族精神教育」確保中國傳統價值，另一方面並同時透過「民主精神教育」促進現代臺灣的民主價值觀，在這兩股力量衝擊之下，臺灣國民學校教育成爲「國家認同」及「文化認同」與課程改革的戰場。

　　由於臺灣學校教育所面臨的不只是單純的課程改革問題，而是反映了臺灣所處的獨特政治社會文化經濟局勢，從臺灣地理空間位置觀點而言，臺灣社會隔著似乎浩瀚無邊的太平洋，而「距離美國政府相當遙遠」，卻只隔著臺灣海峽而「靠中國政權太近」；因此似乎臺灣社會文化，也距

離美國社會文化相當遙遠，卻離中國社會文化太近。但有趣的是，1949年之後由於「國共內戰」內戰，中國國民黨主導的政府遷移轉進到臺灣，1950年6月27日美國總統杜魯門下令美國海軍派遣第七艦隊巡航戒護臺灣海峽，挽救了中國國民黨政權瀕於滅亡的命運，而且大批的美國軍事顧問和美援進入臺灣，第七艦隊的艦艇與水兵也充斥臺灣的各軍事港口，不僅將臺灣與中國大陸分隔兩地，更讓兩者彼此有空間距離而逐漸成為兩個軍事對立而政治抗拒的世界，造成臺灣海峽兩岸長期分治的格局，一個「民主自由開放中國臺灣」與另一個「紅色共產鐵幕中國大陸」，臺灣寶島自此接受了美國軍事援助與政治支持，成為「反抗共產主義的精神堡壘」與「反攻中國大陸的跳板」以及「復興中華文化的基地」，並在工商經濟發展上與美國等西方世界保持密切關係，逐漸向其傾斜靠攏越趨親近，而且西風東漸而進一步引進了美國文化的「民主精神教育」而自詡為「新中國的民主自由燈塔」，因此許多中華民國的臺灣人民往往自認為「新中國人／臺灣人」或「新臺灣人」而不同於中國共產黨竊據大陸的「中國人」，更想要脫離中國這一條東方巨大的噴火龍不時噴出共產巨焰的威脅與魔爪控制；但是在「文化認同」，甚至是「國家認同」上，大多數1949年從中國大陸移居臺灣的「中國人」或其後第二代的「新中國人／臺灣人」大都因為臺灣實施「戒嚴令」而暫時回不去中國大陸，但卻都承認「古老的東方有一條龍，它的名字就叫中國，古老的東方有一群人，他們全都是龍的傳人」，因此，臺灣藉由實施「民族精神教育」極力倡導「復興中華文化」，甚至要「反攻大陸」、「光復大陸國土」、「解救大陸同胞」、「以三民主義統一中國」重新榮歸祖國懷抱，而與傳統中國文化密不可分，但是臺灣社會現實生活卻飽受東方巨龍的中國大陸政治經濟軍事威脅，而美國因為距離遙遠之故，往往「遠水救不了近火」，臺灣處在兩大軍事強權與文化霸權的影響之下，必須在夾縫中求生存發展，處在這種「撲朔迷離」的獨特情境下，臺灣政府也必須千方百計用盡各種可能方法透過學校教育課程改革加以因應，而形成複雜多變的特定時代下「神祕」難以捉摸且形成「矛盾」甚至「衝突」特質的「新中國／臺灣精神」或「新臺灣精神」學校課程。

處在此種特定政治地理位置的社會經濟權力邊陲，與自詡為中華文化倫理道德核心之間拉扯角力的時空情境之下，臺灣人民在中西文化的衝擊之下，透過教育改革，特別是透過課程改革，強調不同程度的傳統中國文化「民族精神教育」與現代西方文化「民主精神教育」以圖求社會生存的途徑，這種「新中國／臺灣精神」或「新臺灣精神」相當近似中華民族精神教育意涵的儒家經典《大學》第二章〈釋新民〉所指出的：「苟日新，日日新，又日新……周雖舊邦，其命維新，是故君子無所不用其極」，展現出一種非西方世界人士所能設身處地而深刻理解的「文化認同」或「國家認同」之課程實驗（蔡清田，2016；Smith, 1993）。

一、課程實驗的時代背景價值意義

在本書中，作者以「臺灣省國民學校教師研習會」（原設於新北市板橋區大觀路一段30號，因此我國教育人員往往稱其為「板橋教師研習會」，強調「良師興國」與教師研習及教材教法實驗的重要性，如圖1.5

✿圖1.5　強調「良師興國」的「臺灣省國民學校教師研習會」

所示，其課程發展模式也稱爲「板橋模式」課程實驗），首先以其所負責進行的社會科課程實驗個案爲例，運用了課程研究的回溯分析（Pinar, 2015），描述分析其社會科探究教學「課程實驗」的社會政治背景脈絡，特別是1978年（民國67年）至1987年（民國76年）期間，中華民國臺灣解除戒嚴令之前，逐漸由威權政治體制邁向民主社會之際的大時代背景脈絡之下，小小的「臺灣」寶島彈丸之地如何對抗龐大「中國」惡鄰的政治軍事威脅，並如何藉由引進西方世界山姆大叔「美國」的「民主精神教育」之「探究教學」（inquiry teaching），以培養中華民國「臺灣」人民的探究學習與民主思考，並且向西方世界民主主義「民主精神教育」靠攏，以抵抗東方世界「中國」這條巨龍的政治軍事威脅，進而討論此一國民小學社會科「課程實驗」個案研究，具有「新中國／臺灣精神」或「新臺灣精神」特定時代價值意義。

　　作者透過本書呈現「臺灣省國民學校教師研習會」所負責進行的「板橋模式」課程實驗，特別是論述此項社會科探究教學課程實驗個案研究，分析此一課程實驗個案的課程規劃、課程變革、課程發展、課程推廣、及課程評鑑等面向，進行板橋模式課程實驗的五大問題之分析，從課程規劃的途徑、課程變革的本質、課程發展的歷程、課程推廣的策略、課程評鑑的方法、教師專業文化的分析，並進而針對板橋模式課程實驗進行分析評議批判。尤其是就其課程實驗的深層面向，如課程實驗之規劃（planning of curriculum experiment）、課程實驗之變革（change of curriculum experiment）、課程實驗之發展（development of curriculum experiment）、課程實驗之推廣（dissemination of curriculum experiment）與課程實驗之評鑑（evaluation of curriculum experiment）等，加以批判評議此一課程實驗模式。本書將在稍後各章節就此複雜的「課程實驗」現象進行描述探究與詮釋分析，此處簡言之，由「臺灣省國民學校教師研習會」負責進行的探究教學「課程實驗」之主要特色如下：

　　(一)課程實驗的權責機構：中華民國「臺灣省國民學校教師研習會」。

　　(二)課程實驗的教學科目：國民小學社會科課程。

(三)課程實驗的教材內容：課程實驗教材本來以教師手冊為主，但後來也包括學生習作和教科書。

(四)課程實驗的課程目標：培養活活潑潑的好學生與堂堂正正的愛國國民。

(五)課程實驗的適用學生：國民小學一到六年級學生，年齡大約在6歲至12歲之間。

(六)課程實驗的規劃途徑：由中央政府的教育部指派「課程實驗指導委員會」與「課程實驗研究委員會」主導「臺灣省國民學校教師研習會」負責的探究教學課程實驗之研究與發展。

(七)課程實驗的變革本質：課程實驗變革所重視的課程焦點企圖從教科書轉移到教師手冊所強調的「探究教學」。

(八)課程實驗的發展歷程：由「臺灣省國民學校教師研習會」探究教學課程實驗「工作小組」中的教師編輯設計教學單元活動與內容，之後並由課程實驗「任務小組」將教學單元進一步發展轉換成為教師手冊。

(九)課程實驗的推廣策略：主要經由「臺灣省國民學校教師研習會」在學期開學之前，調訓教師進行在職進修研習及召開學期中的教學觀摩示範推廣會議。

(十)課程實驗的評鑑方法：著重教師手冊、學生習作與教科書等課程內容修改過程的形成性評鑑。

整體而言，「臺灣省國民學校教師研習會」所負責進行的「板橋模式」探究教學社會科課程實驗，反映了臺灣過去解嚴之前的政治、社會與教育之改變，融合了傳統中國「民族精神教育」與現代美國「民主精神教育」，似乎已經逐漸具有跨時代的「新中國／臺灣精神」或「新臺灣精神」獨特價值。作者在此呈現了「臺灣省國民學校教師研習會」這一項「板橋模式」社會科探究教學課程實驗上的個案研究，特別是其課程規劃之途徑、課程變革之本質、課程發展之歷程、課程推廣之策略及課程評鑑之方法等部分，藉此彰顯反映出當時臺灣地區國民學校教育情境之探究教學「課程實驗」黃金年代的政治經濟社會文化脈絡。

特別是1978年（民國67年）12月16日，美國與中華民國關係發生重

大變化，美國吉米卡特（Jimmy Cart）總統與中華人民共和國建立官方外交關係，並宣布與中華民國斷絕兩國官方正式建立的外交關係，同時還廢止了共同防禦條約，並自臺灣撤回美軍，這對中華民國的國際地位及國內政治情勢都產生了立即的衝擊與深遠的影響。中華民國總統蔣經國先生隨即發表正式談話，對於美國承認中國共產黨「匪偽政權」提出嚴重抗議，並且下令停止正在進行的增額中央民意代表一切選舉活動。臺灣民眾獲知這個消息後群情憤慨，當天就有數百名群眾聚集在臺北圓山的美軍俱樂部前，砸損轎車並打破門窗玻璃。而全國各大專院校也在校園內發起簽名活動，全國各地學生隨即組成聯合會辦理集會活動，以此支持政府譴責美國背信毀約的決心。同一時間，我國政府正指派「臺灣省國民學校教師研習會」及臺灣省立臺南師範專科學校附屬實驗小學等機構，積極進行一項自美國教育學術界引進社會科課程實驗「問思教學法」的「探究教學」（inquiry teaching）（蔡清田，2006）。但是，這些事件並非沒有關聯，這些國際事件也影響了「臺灣省國民學校教師研習會」在臺灣地區國民小學進行的社會科課程改革實驗。1978年（民國67年）本書作者正在臺灣省立臺南師範專科學校就讀普通師資科，1978年12月16日當天上午曾前往臺灣省立臺南師範專科學校附屬實驗小學，參訪其社會科課程實驗之「問思教學法」的「探究教學」觀摩，當天晚上並響應參與臺南師範專科學校學生會在學生活動中心所辦理之集會活動，抗議美國承認中國共產黨並與中華民國臺灣斷絕官方外交關係。

　　這項「問思教學法」的國民小學社會科探究教學「課程實驗」，是由「臺灣省國民學校教師研習會」所主導進行的，類似於國民中小學九年一貫課程改革的「主動探索與研究」之基本能力（吳敏而、黃茂在、趙鏡中、周筱亭，2010），在某種曾度上也頗接近十二年國民基本教育「A2系統思考與解決問題」的核心素養，培養學生具備問題理解、思辨分析、推理批判、系統思考，並能行動與反思，以有效管理及解決問題（蔡清田，2014），但性質上還未到達學生完全自主行動與主動學習的程度。本書作者曾經擔任國小教師並喜歡從事課程研究實驗，並於1990年（民國79年）借調到「臺灣省國民學校教師研習會」參與其國民小學社會科「課

程實驗」的研究發展。因此深深體會到教育研究所課堂上所學習的課程理論，也理解課程經過研究發展的選擇組織之後，在正式實施之前，透過課程實驗，在實地情境當中進行考驗，可以檢視並修正教材教法等設計的適切性，並提升課程改革設計之品質（蔡清田，2001）。換言之，「課程實驗」的基本觀念，乃在於「在實際教育情境中試用」的特質（黃政傑，1988；Elliott, 1998），特別是透過課程設計者與教師等研究發展團隊（柯華葳，1995；Prawat, 1991），可將課程發展的草案、原型或成品，置於實際學校情境中試用，更可結合教育行動研究（蔡清田，2000），透過學校教室的現場測試，從而蒐集其運作過程產生的問題，以提升其可能的效果，並做為進一步推廣的決定依據（蔡清田，2013）。

「課程實驗」的實施，是一種緩進的課程改革，也是一種解決課程爭議的途徑（黃政傑，1997），因為在大規模採行新課程之前，將預定課程計畫，先行小規模的課程實驗試用，以瞭解課程改革理念和策略是否具有可行性與具有預期成效，經實驗修正後，克服一些非預期的困難，可以增加課程實施之成功機會，將會有利於永續課程改革的經營（黃政傑，1999）。是以，中華民國臺灣的教育部曾依據《國民教育法》第四條、《教育基本法》第十三條、以及教育部指定中等學校及小學進行教育實驗辦法暨《國民教育階段九年一貫課程總綱綱要》等有關規定，訂定國民中小學九年一貫課程實驗相關計畫與辦法（吳明清，1999），於1999年（民國88年）7月22日正式對外公布《國民教育階段九年一貫課程試辦要點》，並決定於當年9月開始透過全國200所學校試辦國民教育九年一貫課程改革。此項國民中小學九年一貫課程實驗計畫，旨在探討國民教育九年一貫課程在國民中小學全面實施時，所可能遭遇困難與問題（單文經，1999），並提出解決策略（黃光雄、蔡清田，1999）。特別是希望透過試辦學校進行課程實驗，促成課程變革與教師專業發展（Cardellichio, 1997）。

課程改革，是一種革新的社會實驗（歐用生，1999；Elliott, 1998）。因為嘗試新教育策略之實驗，乃是從事課程改革實務的重要特質（蔡清田，2000；Altrichter, Posch, & Somekh, 1993, 156）。有趣的是「實驗」

（experiment）這個名詞，深受當時臺灣教育情境脈絡下的「臺灣省國民學校教師研習會」之喜愛，因爲其致力於實驗的想法，係來自於其所追隨的「準科學」美國模式，即使其在所謂「實驗學校」的「實驗」過程，僅能稱得上是「社會科學」之「試驗」（trial）或「試用」，它可能並非名符其實地主張其名字所可能隱含的「自然科學」之「實驗」方法。除此之外，其課程改革的焦點，比較強調以教師爲主體的「問思教學法」與「探究教學」（蔡清田，2008），而非以學生爲主體的「探究學習」以學生爲主體的探究學習之理念（Bruner, 1960），或許要比以教師爲主體的探究教學之理念更爲急進（Stenhouse, 1975），而且似乎更接近西方世界的美國「民主精神教育」之情境脈絡。

　　不過，當時「臺灣省國民學校教師研習會」的「問思教學法」與「探究教學」，這些字眼的選擇是十分有意義的，它指出了當時臺灣地區的學校教育模式下，特別重視教師的「教學」而不只是重視學生的「學習」，而且當時臺灣地區學校教育的學習過程及其結果，依然深受傳統教師所主導控制。這種情形下，「臺灣省國民學校教師研習會」其所謂的「問思教學法」與「探究教學」這些字眼，在「臺灣省國民學校教師研習會」負責的課程實驗，旨在引導並塑造具有中華民族傳統文化素養的現代化中華民國國民，是比較接近西方世界英美等民主國家政治教育情境脈絡下所論及的「引導發現學習」（guided discovery learning），本書稍後第二章與第三章將對此進一步說明。

　　這種情形和這種企圖似乎類似1934至1942年美國「進步主義教育學會」（Progressive Educational Association）透過「課程實驗」（Aikin, 1942, 12），進行「八年研究」（Tyler, 1987），也類似「美國國家科學基金會」（The National Science Foundation of the USA）進行「人的研究」（Man: A Course of Study，簡稱MACOS）（歐用生，1986；陳伯璋，1987；黃政傑，1991；黃光雄、蔡清田，1999；蔡清田，2006），以因應當時社會的需要；也類似英國中央政府教育與科學部（Department of Education and Sciences）之「課程和考試的學校審議委員會」（The Schools Council for Curriculum and Examinations，簡稱「學校課程審議委

員會」）於1967至1972年透過「人文課程方案」的探究證據討論教學實驗，進行延長國民義務教育年限的「課程實驗」（蔡清田，2001），透過「民主精神教育」培養學生的民主社會素養之課程實驗運作機制，有著異曲同工之妙，具有時代精神意義與社會文化價值，一方面不僅具有課程改革的意義（蔡清田，2006），另一方面更具有課程學的研究價值（蔡清田，2008），能創新課程學的概念（蔡清田，2016）。

二、課程實驗的政治社會情境脈絡

　　本章運用了課程研究的回溯觀點（Pinar, 2015），當研究目光焦點回到1949年（民國38年），「中國共產黨」占據中國大陸之後，中華民國政府遷移轉進臺灣，一百餘萬效忠中國國民黨的軍隊與人民也隨之來到臺灣，這是一個政治社會的分水嶺，也是教育文化轉折點，自此，臺灣及中國大陸一直不斷地為「國家認同」而抗爭，中華民國的臺灣政府，是在中華文化的大前提下進行「國家認同」與「文化認同」的學校教育，同時進行政治教育與社會文化的再製，臺灣頓時變成一個文化及教育上移民的獨特社會，且政治上封閉的社會。

　　尤其是在1949年（民國38年）到1978年（民國67年）之間臺灣海峽兩岸對立的時期，小小的「臺灣」孤丸之島如何對抗龐大「中國」的政治軍事威脅，中華民國臺灣的政治系統掌控在中國國民黨政黨領袖及其高級軍事將領的手中，當時由國民大會所支持的蔣中正先生同時身兼中國國民黨總裁與中華民國總統及陸海空三軍統帥，被尊稱為中華民國的「民族救星」蔣中正總統的銅像如圖1.6，豎立在各級學校校園之中，圖1.7所示蔣中正總統的照片高掛在中華民國臺灣政府與學校機構的各種會議場地。蔣中正總統乃是作風強勢的政治領袖與軍事強人，建立了黨國一體、以黨領政、以黨領軍的強人威權體制，此種父權體制的高壓統治，同時控制了行政院、立法院、司法院、考試院及監察院，並在政治戒嚴與軍事統治的「白色恐怖」陰影籠罩之下，風聲鶴唳地到處逮捕中國大陸滲透來臺的「匪諜」，並大力鎮壓「臺獨」與「異議分子」，其在臺灣社會所組成的

此種黨政軍合一的強勢政府推動所謂的「專制式民主政治」，帶來了一種
與西方世界截然不同的思考方式。

✿圖1.6　中華民國的「民族救星」蔣中正總統的銅像豎立
　　　　在各級學校校園中

✿圖1.7　高掛在中華民國政府與臺灣各級學校會議場地的
　　　　蔣中正總統照片

　　當時撤退到臺灣並統治臺灣的中華民國政府認為，其最大的任務是救亡圖存，而且中華民國臺灣社會的存亡，則維繫於中華民國臺灣的社會成員能否犧牲個人小我、以完成大我、並履行社會責任的思考，以培養社會意識並維護社會整體利益。這種覆巢之下無完卵的思考模式，強調社會利益大於個人利益的思考，是不同於西方世界的思考模式。

　　而且當時中華民國的蔣中正總統甚至認為，中國大陸的淪陷，源於當時大陸教育的失敗，特別是當時大陸青年學子不瞭解「三民主義」的眞義，亦即青年學子不瞭解中華民國國父與中國國民黨總理孫中山博士所教導的民族主義、民權主義與民生主義等「理念的課程」，這正是中華民國與中國國民黨被共產黨打敗的重要原因之一。就此而言，中國共產黨的勝利，也代表中華民國與中國國民黨的「民族精神教育」失敗。由於中華民國與中國國民黨，再也不能輸掉臺灣這個救亡圖存與反攻大陸的最後根據地，因此，當時最重要的社會價值在於確保臺灣社會的安全與中華民國的「國家認同」，因而中華民國的「國家認同」與中華民族的「民族精神教育」所形成的「理念的課程」（蔡清田，2008），便成為當時最重要的中華民國政府政治任務與國家教育的焦點。中華民國臺灣的副總統蕭萬長先生於任職我國「行政院大陸事務委員會」主任委員時，曾指出：我們必須要瞭解在海峽兩岸互動的歷程中，我們已經放棄代表中國的全部。這是因為中國的代表並不是單屬於我們這邊，它尚包含了屬於分離狀態的臺灣海峽兩岸（中國時報，1995.5.5，2）。在此種特定的政治社會背景下，中華民國臺灣地區的國民小學社會科「課程標準」與教科書課程設計焦點，也深受中華民國政府黨國意識政治社會力量與中華民族傳統社會文化價值影響（石計生，1993）。

　　例如1948年（民國37年）9月在中國大陸公布的新「課程標準」，經試行二年的結果，發現「國語和社會兩科課程標準，不能和當時『反共抗俄』的基本國策以及『戡亂建國教育實施綱要』密切配合」（教育部，1968，331），於是修訂國語和社會兩科「課程標準」並於1952年（民國41年）11月公布實施；在國語科目標增列「指導兒童養成道德觀念，激發愛國思想，弘揚民族精神」等，教材選擇要「注重激發民族精神教育，增

強反共抗俄意識，闡揚三民主義的教材」；而社會科要「注重俄帝侵略我
國的史實，以加強反共抗俄意識」。教學要點中則增加：

> 關於共產危害基本人權及身體自由，破壞家庭，摧殘文
> 教，欺騙兒童，破壞農村，及共產集團侵略我國等事實，應
> 儘量設法列入公民及歷史等科教材內。（教育部，1952，
> 132）

　　在中國國民黨強力主導下，先總統蔣中正先生的「民族精神教育訓
示」漸漸形成了「反共抗俄」的基本國策和「三民主義」的教育政策，這
種「民族精神教育」政策成為修訂「課程標準」的「深層結構」或「潛在
課程」，對此後課程的選擇組織和實施影響深遠（歐用生，1990）。特
別是承續「救亡圖存」的危機意識和「光復大陸」的國家政策脈絡，「民
族精神教育」政策下的課程標準與學校教科書改革成為國家機器的重要一
環，使得課程意識更加強調「復興中華文化」，課程標準和學校教科書充
滿了契合中國國民黨政黨利益的歷史紀錄與文化意識，以鞏固執政者政權
上的法統和維持文化上的道統（劉美慧、洪麗卿，2010）。1975年（民
國64年）先總統蔣中正先生逝世之後，他的兒子蔣經國先生被推選為繼
任的中華民國總統。蔣經國總統上任後開始鬆綁其父親的政治威權主義，
並透過學校教育落實中華民國國父與中國國民黨總理孫中山先生的民族主
義、民權主義、民生主義政治主張，並意圖建立臺灣社會成為一個同時重
視「民族精神教育」與「民主精神教育」的三民主義模範省與民主自由燈
塔。
　　1987年（民國76年）蔣經國總統正式解除戒嚴並開放黨禁與報禁，
臺灣社會、政治、經濟和文化朝向民主自由和多元化，對學校教育課程產
生巨大的影響。曾任中華民國行政院院長與中國國民黨副主席的郝伯村，
也曾回應這項具有挑戰性與不確定性的政治狀況，並呼籲臺灣的人民去追
尋更多政治與社會上的安全，因為單是經濟上的成功是不足夠的（中國時
報，1995.4.20）。從政治的觀點來看，負責進行此項課程實驗，而且身為

政府直接控制之下的「臺灣省國民學校教師研習會」（1987a, 1）也明確地主張：教育最重要的功能，一方面在於增進學童的愛國情操，以實踐推翻共產主義、光復大陸的反共復國國家政策；一方面在於培養學生良好的生活態度，以符應現代民主生活的需要。國民小學社會科課程與「民族精神教育」、「生活教育」、「公民教育」關係密切，扮演了一個極重要的角色。根據一位「臺灣省國民學校教師研習會」的研究員指出（周經媛，1990，15），這是為什麼「臺灣省國民學校教師研習會」的國民小學社會科課程實驗的研究委員會，決定要將「公民教育」涵蓋其中的原因，主要就是為了達成上述「課程實驗」的目的。

1956年（民國45年）成立的「臺灣省國民學校教師研習會」，是由中華民國中央政府的教育部所計畫指導的，其終極目標就是要達到「良師興國」，提供全國所有國民小學教師在職進修及國民小學校長和督學的職前教育，以促進國家政治安定、社會進步、經濟繁榮、文化傳承的使命。因為，教師是國家政治安定、社會進步、經濟發展、文化傳承的重要基石。因此，國家要政治安定及永續發展，需要透過教師在職進修提升優質的教師素資達成「良師興國」的重要功能。其中，提供國民小學教師在職進修教育的主要目的為：1.提高國民教育素質水平。2.改善研究發展。3.改進國民教育（臺灣省國民學校教師研習會，1987a，3；1992a，2）。基本上，教師是這個「臺灣省國民學校教師研習會」的重要權責與傳統資產。

1972年（民國61年），教育部要求「臺灣省國民學校教師研習會」，進行自然科和數學科的「課程實驗」（臺灣省國民學校教師研習會，1992b，2）。一位「臺灣省國民學校教師研習會」的研究員認為：身為政府的一部分，我們比一般大學更為有優勢來進行此項課程實驗方案。臺灣省國民學校教師研習會的研究人員，可以從到臺灣省國民學校教師研習會進修的全國各地教師身上獲得許多理念與資訊，臺灣省國民學校教師研習會的研究人員，也可以和全國各地的實驗學校保持密切接觸；臺灣省國民學校教師研習會的研究人員，可以到學校去進行測驗以獲得學生學習的各種的資料（受訪者C, 4）。

✿圖1.8　臺灣省國民學校教師研習會，國民小學社會科課
程實驗研究計畫第一期報告

　　甚至，「臺灣省國民學校教師研習會」所發展出來的教科用書，後來
被國立編譯館所採用，成為審定本的教科書，並推廣為全國國民小學所使
用的教科用書。有趣的是，當時大多數臺灣地區的課程理念通常是以「書
面」的教學材料為主，特別是指教科書。而且當時臺灣的大多數國民小
學，對於這樣透過「課程實驗」發展出來的教科用書反應良好，並且讚賞
這種新的教學方法和教材，認為對學生的學習有很大的幫助（臺灣省國民
學校教師研習會，1987b，1）。這就是「板橋模式」國民小學社會科課程
發展的起源，它之所以叫做「板橋模式」，乃是因為發展這一課程模式的
機構——「臺灣省國民學校教師研習會」位在目前新北市的板橋區，通稱
板橋教師研習會，因此其課程發展模式稱之為「板橋模式」。

　　前「臺灣省國民學校教師研習會」主任指出（崔劍奇，1987，1）：
社會科課程發展的規劃開始於1979年，人員組織及工作的程序，係跟隨
自然科課程發展的經驗，並根據實際情境的改變而調整。然而，這項課程
的目標、架構及教學方法乃是創新性的，同時也是新社會科課程的主要特
色。板橋模式的國民小學社會科課程發展，可分成兩個為期八年的階段，

包括如圖1.8第一期從1979年（民國68年）到1987年（民國76年），如圖1.9第二期由1987年（民國76年）到1995年（民國84年）。一位參與國民小學社會科課程發展的「臺灣省國民學校教師研習會」研究人員指出（受訪者A, 1）：這是一項長期性的工作。我們每一年發展每一年級的教科書。舉例來說，實驗第一年我們發展一年級的教科書，第二年發展二年級的教科書，如此年復一年，一個年級復一個年級，真是一項冗長的工作。

❀圖1.9　臺灣省國民學校教師研習會，第二期國民小學社會科課程實驗研究發展計畫

　　這種經由研究實驗而發展課程的方法，深受臺灣許多教育界人士的贊同（受訪者D；受訪者E；受訪者F；受訪者N）。例如，一位「臺灣省國民學校教師研習會」課程實驗研究委員會的委員指出（受訪者E,1）：板橋模式的確是由課程發展歷程發展的課程，一開始先從鄰近板橋的學校，遴選一些小樣本進行教學，以測試教學指引的合適性。接著擴大進行實驗，並且獲取來分別位於都市、鄉村、海邊、山區、離島的四、五十個學校的回饋。它的課程修訂可以說是來自回饋和評鑑。

第三節　課程實驗的分析

　　本書從課程學之研究觀點（蔡清田，2008），並從課程學的重要概念（蔡清田，2016），透過課程研究的回溯與前瞻方式（Pinar, 2015），來分析探究板橋模式的探究教學課程實驗，以瞭解「臺灣省國民學校教師研習會」如何進行探究教學的課程實驗，特別希望能就國民小學社會科課程實驗之規劃（planning of curriculum experiment）、課程實驗之變革（change of curriculum experiment）、課程實驗之發展（development of curriculum experiment）、課程實驗之推廣（dissemination of curriculum experiment）與課程實驗之評鑑（evaluation of curriculum experiment）等面向，進行課程實驗的五大問題之分析，並進而就其課程實驗的深層面向加以批判評議，其研究目的旨在希望能達成理解「在何種條件下，臺灣省國民學校教師研習會此一國民小學社會科課程實驗方案得以成功的推動課程變革？」。此處先就臺灣省國民學校教師研習會社會科課程實驗的五大問題之主要關注焦點，加以說明闡述其問題大要，以作爲本書稍後各章節描述探究分析詮釋評述之起點。

一、課程實驗之規劃途徑為何？

　　從事板橋模式課程實驗的「臺灣省國民學校教師研習會」之研究發展人員，採取何種課程實驗之規劃途徑，以規劃其探究教學之「理念建議的課程」（ideal curriculum）與課程目標等「正式規劃的課程」（planned curriculum）（蔡清田，2008）？板橋模式「課程實驗」的研究發展人員，利用何種規劃途徑方法規範說明以規劃其課程目標？透過何種身分的人員以研訂其課程目標與進行文化選擇的「課程規劃」？官方指派的行政人員代表在課程規劃途徑中扮演何種角色？進行何種文化選擇的課程規劃？「臺灣省國民學校教師研習會」的此種課程實驗之規劃與當時臺灣社會的政治經濟脈絡與臺灣人民「文化認同」及「國家認同」有何關係？

二、課程實驗之變革本質為何？

「臺灣省國民學校教師研習會」之研究發展人員如「課程實驗指導委員會」、「課程實驗研究委員會」、「工作小組」、「編輯小組」，如何將其探究教學之「理念建議的課程」與課程目標等「正式規劃的課程」，轉化為一般社會大眾所「知覺的課程」（perceived curriculum）及一種提供學校師生進行教與學的依據之「教學科目」（course of teaching）與學生學習經驗（learning experience）之「經驗的課程」（experienced curriculum）？在課程實驗轉化的過程當中，是否涉及了教材資源（teaching material resources）與教科書（textbook）等教材物質物件之「支援的課程」（supported curriculum）之選擇安排或生產製造？是否涉及了教學材料、教學型態與學校教師觀念之改變？是否涉及評鑑規準與評量方法之改變？其課程實驗所預期呈現的最主要特色是什麼？「臺灣省國民學校教師研習會」的此種課程實驗之變革與當時臺灣學校教育的「民族精神教育」與「民主精神教育」有何關係？「民族精神教育」與「民主精神教育」在「臺灣省國民學校教師研習會」的探究教學課程實驗中具有何種重要性？這與當時臺灣人民的「文化認同」及「國家認同」有何關聯？

三、課程實驗之發展歷程為何？

「臺灣省國民學校教師研習會」之研究發展人員如「課程實驗指導委員會」、「課程實驗研究委員會」、「工作小組」、「編輯小組」，採取何種課程實驗的發展歷程，以發展並執行上述課程實驗所欲達成之變革？是否包括涉及板橋模式課程實驗的核心成員如「課程實驗指導委員會」、「課程實驗研究委員會」、「工作小組」、「編輯小組」，以及在學校進行課程實驗與教材教法試教的學校教師？是否涉及了課程實驗的「課程實驗指導委員會」、「課程實驗研究委員會」、「工作小組」、「編輯小組」等研究發展核心成員與處於教育系統邊陲地位的學校教師之間的交互作用？此種交互作用的過程涉及哪些身分之人員？究竟學者專家以及學校

教師在課程實驗的過程當中，分別扮演何種角色？

四、課程實驗之推廣策略為何？

　　「臺灣省國民學校教師研習會」之研究發展人員如「課程實驗指導委員會」、「課程實驗研究委員會」、「工作小組」、「編輯小組」，採取何種策略，以推廣其所發展出來的課程實驗方案？板橋模式課程實驗之推廣策略，是否包括任何形式的學校教師在職進修研習與教育訓練？學校教師在職進修研習與教育訓練在課程推廣過程當中，究竟扮演何種角色？從事課程實驗的研究發展人員，究竟留下多少彈性空間以吸引或包容學校教師的創造力之表現？板橋模式課程實驗的課程推廣人員是否鼓勵學校教師發揮其個人創意之課程創新理念？究竟從事課程實驗的研究發展人員對此課程方案之規範程度為何？其所預期的課程控制程度究竟是嚴謹或是寬鬆？課程實驗的研究發展人員提供何種課程實驗的支援，以協助參與課程實驗的學校教師，促成學校教師在學校正式組織文化當中教室班級社會體系內進行課程實驗？

五、課程實驗之評鑑方法為何？

　　「臺灣省國民學校教師研習會」之研究發展人員如「課程實驗指導委員會」、「課程實驗研究委員會」、「工作小組」、「編輯小組」，是否採取任何形式方法，以評鑑其所規劃的課程實驗方案？採取「形成性評鑑」（formative evaluation）或「總結性評鑑」（summative evaluation）？如何地利用課程評鑑所發現之結果？

　　事實上，就整體而言，上述的每一個個別的「課程實驗」問題，都是值得關注的待答問題，但卻都是片面零碎而不完整，未能全面性處理「課程實驗」之各個層面的問題。作者覺得無法透過上述個別問題，暸解影響「臺灣省國民學校教師研習會」的「課程實驗」成敗關鍵因素與必要條件，因此，作者除了針對上述的五個個別的「課程實驗」待答問題，作

為課程規劃、課程變革、課程發展、課程推廣、課程評鑑等各部分的課程實驗探究重點之外，作者將在課程實驗的評議與結論，加以綜合歸納，因為本書作者身為一位課程研究者，深深覺得有必要採取一種植基於實務基礎之上的「折衷統合途徑」（eclectic approach）（Schwab, 1971），以便從「宏觀」的「整體角度」（holistic perspective），來掌握並理解「臺灣省國民學校教師研習會」的探究教學「課程實驗」方案運作之各種不同層面，並借用類似後現代「蒙太奇」（Montage）的課程生活美學設計手法（Pinar, 2015），穿插「課程綱要」爭議的重要論題（蔡清田，2016），並將「臺灣省國民學校教師研習會」探究教學課程實驗的規劃、變革、發展、推廣、評鑑等課程切片面向等加以解構，並重新整合組織建構成為一本「課程實驗」的蒙太奇專書（Book Montage），嘗試呈現其較為完整的「課程實驗」之面貌，以描述分析探究詮釋批判此一「課程實驗」的相關事項與影響因素如「民族精神教育」與「民主精神教育」，並加以討論批判，以幫助讀者也能獲得上述「臺灣省國民學校教師研習會」的課程實驗待答問題之「宏觀」理解與「微觀」理解，達成致廣大而盡精微的研究目的，並作為我國日後進行課程實驗之參考與借鏡。

特別是研究者想要將「臺灣省國民學校教師研習會」之板橋模式視為一項「課程實驗」的個案研究，從課程規劃之途徑、課程變革之本質、課程發展之歷程、課程推廣之策略、課程評鑑之方法、教師專業文化之分析，並進而針對此一課程實驗進行批判。就研究方法而言，作者先從「臺灣省國民學校教師研習會」之板橋模式課程實驗有關文獻及已出版的著作論文其相關文件課程材料中，加以探討其課程實驗的意義與相關理念。首先，就第一個步驟而言，作者就所蒐集到的「臺灣省國民學校教師研習會」板橋模式課程實驗相關文獻及已出版的相關著作論文，作為分析探究其課程實驗之規劃、課程實驗之變革、課程實驗之發展、課程實驗之推廣與課程實驗之評鑑等五大研究問題，特別是分析其課程實驗之規劃途徑（planning approach to curriculum experiment）、課程實驗之變革本質（change nature of curriculum experiment）、課程實驗之發展歷程（development process of curriculum experiment）、課程實驗之推廣策略

（dissemination strategy of curriculum experiment）與課程實驗之評鑑方法
（evaluation method of curriculum experiment）等深層層面，深入探討課程
實驗的相關理念；其次作者根據所提出五大課程實驗的研究問題進行分析
研究之外，並且藉由訪問「臺灣省國民學校教師研習會」之板橋模式課程
實驗相關參與人員，以進一步蒐集有關「臺灣省國民學校教師研習會」之
板橋模式課程實驗的相關文件及紀錄等相關證據，並深入挖掘該課程實驗
方案尚未被公開的檔案資料，以作為研究的第一手資料（primary material
source）。

　　就研究方法論而言，在閱讀「臺灣省國民學校教師研習會」之板橋模
式課程實驗相關文獻及已出版的著作論文與相關文件及紀錄等相關證據的
過程當中，作者曾經初步地整理，並研擬作者本身為一位課程研究者所最
關注「課程實驗」的核心研究問題：「在何種條件下，臺灣省國民學校教
師研習會得以成功的推動此一國民小學社會科課程實驗方案，達成課程變
革？」其研究目的，旨在增進作者本身對「臺灣省國民學校教師研習會」
之板橋模式課程實驗的描述、探究、詮釋等三個層面問題之「宏觀」理
解，此種「宏觀」理解包括三個層面。第一個層面是回溯描述層面，乃是
與「臺灣省國民學校教師研習會」之探究教學課程實驗個案之處理對象是
誰（who）、發生於何處（where）等問題有關，以說明「臺灣省國民學校
教師研習會」之探究教學課程實驗所在的時空背景與社會文化脈絡，作者
努力在本書第一章課程實驗之緒論來嘗試回答此一層面的問題；第二個層
面是探究層面，與「臺灣省國民學校教師研習會」之板橋模式課程實驗此
一方案發生什麼內容（what）之實質課程實驗問題有關，以探究分析「臺
灣省國民學校教師研習會」之探究教學課程實驗發生的事件，影響變革與
發展等種種因素的互動情形，作者將努力在本書第二章課程實驗之規劃、
第三章課程實驗之變革、第四章課程實驗之發展等章節，來嘗試回答此一
第二層面的問題；第三個層面是詮釋層面，與「臺灣省國民學校教師研
習會」之板橋模式課程實驗此一方案如何處理（how）、以及說明何種課
程實驗的原因（why）等問題有密切關聯，希望能建立在描述分析探究基
礎之上，以詮釋其理由，建立「臺灣省國民學校教師研習會」之板橋模式

課程實驗的原理原則，作者將努力在本書第五章課程實驗之推廣、第六章課程實驗之評鑑、第七章課程實驗之評議等章節，來嘗試回答第三層面的問題。但是，作者特別要加以強調的是，這些初步探究所得的課程實驗之原理原則，均是暫時的研究發現，可能受到不同的特定時空脈絡下的思潮影響與限制，因此，作者也希望能透過討論獲得批判理解，並嘗試加以評議，以理解為何「臺灣省國民學校教師研習會」之探究教學課程實驗之所以能夠代表中華民國臺灣在解嚴之前的特定時空社會文化脈絡下的課程實驗寶貴經驗。

另一方面，非常有趣，而且值得一提的是，本書作者經由「臺灣省國民學校教師研習會」之板橋模式課程實驗的相關文獻及已出版的著作論文與相關文件及紀錄等相關證據進行探討，提出「臺灣省國民學校教師研習會」之課程實驗內部深層結構當中，相當讓作者感到迷惘與百思不得其解，並引發作者的好奇與進一步探究尋求迷津之複雜精微巧妙的問題。這個巧妙而精微的問題是：此一課程實驗的「課程目標」是否已經被「臺灣省國民學校教師研習會」的「課程實驗指導委員會」與「課程實驗研究委員會」等核心團隊事前預先規定了，而且似乎違背了此一課程實驗本身所倡導的「探究教學」（inquiry teaching）之精神？特別是「臺灣省國民學校教師研習會」所採取的探究教學課程實驗之規劃途徑，乃是一種結合東方傳統的中國社會文化之「民族精神教育」與西方現代世界的美國社會文化之「民主主義精神」的混合物，這種傳遞東方傳統中國文化之「民族精神教育」與移植西方現代美國世界之「民主精神教育」的探究教學，兩者是否矛盾衝突？本書作者將會在稍後各章節當中，來嘗試回答此一個案的巧妙精微而複雜之課程實驗深層結構問題。

課程實驗個案研究的優點，在於其獨特性與特殊性，可以提供訊息和參與者經驗導向的問題，及在課程實驗方案歷程的多樣性與本質的可理解範圍。它能廣博的描述個別情境的複雜性，並提供了一個比統計數字遊戲更深入的方式去瞭解課程問題。一個課程實驗個案研究的歷史探究，乃是一個蒐集在真實及自然情境中，談論有關真實事件的真實故事的特質之歷程。它是一項針對特定歷史社會情境脈絡之人類知覺社會實體的探究模

式。在某種意義上，它近似於探究，儘可能的呈現人們的感受如何，他們知道什麼，及他們的關心、信念、知覺、瞭解是什麼（Guba & Lincoln, 1988, 78）。

「臺灣省國民學校教師研習會」之探究教學課程實驗這個個案研究，可能和其他歷史研究是相似的，皆是植基於主要史料和次要史料。除此之外，作者爲了要蒐集新資料及新的主要史料與次要史料，還使用訪談的方法，藉著訪談研究方案關鍵性的參與者，來達到前項目的（Macdonald & Stronach, 1988）。訪談法是一種能蒐集到文獻裡面所沒有的大量新資料之有力的工具，它亦是一種能自不同觀點發現什麼是課程實驗方案的良好方式。假如一個個案研究過度依賴訪談資料，在個人記憶衰減及記憶選擇扭曲的情況下，可能令人懷疑。所以，以檔案爲依據的文件（archive-based-document）是一個重要的平衡點。文件證據包括公告與備忘錄，即臺灣省國民學校教師研習會的內部會議資料、研究計畫、研究報告、對外公開給大眾的文獻資料。除此之外，作者還提供證據的次要史料，即有關此課程實驗的相關論述，包括參與者已出版的書籍論文著作及相關文件紀錄等相關報告。

這些訪談共有16位受訪者參與是項研究。分別是：「臺灣省國民學校教師研習會」探究教學之「課程實驗研究委員會」的2位委員；「工作小組」的4位成員；「編輯小組」的4位教師成員（其中1位也是地方縣市政府國民教育輔導團的輔導教師）；2位教育大學及師範院校的師資培訓工作者；2位課程研究者及教育專家；2位國民小學社會科教師（其中1位是地方縣市政府國民教育輔導團的輔導教師）。舉例來說：受訪者A、B、C是「臺灣省國民學校教師研習會」之社會科課程實驗「工作小組」的研究員；受訪者D是課程研究者與教育大學師資培訓工作者；受訪者E是「臺灣省國民學校教師研習會」之社會科「課程實驗研究委員會」的委員；受訪者F是國立師範大學課程研究者；受訪者G, H, I是「臺灣省國民學校教師研習會」之社會科課程實驗編輯小組的教師成員；受訪者J是「臺灣省國民學校教師研習會」之社會科課程實驗工作小組的研究員；受訪者K是國民小學社會科教師；受訪者L, M是國民小學社會科輔導教師；受訪者N也是國

立師範大學課程研究教授；受訪者O是另一位「臺灣省國民學校教師研習會」之社會科課程實驗研究委員會的委員；受訪者P是教育大學社會科師資培育工作者。

　　大部分訪談的安排乃是本書作者親自透過電話或書信的聯絡，以告知受訪者關於訪談的目的、實施的規則及建議的問題。在實施訪談之前，本書作者閱讀相關著作論文與複習「臺灣省國民學校教師研習會」的探究教學課程實驗方案紀錄，藉此對該課程實驗個案獲得一個初步性的瞭解，並確定要請教受訪者的問題。在訪談的最初階段中，作者使用非結構性的訪談，盡可能開放性的提出和訊息相關的問題。當作者已清楚與訊息相關的問題種類之後，一轉成為更具結構性的方法，此乃一個逐漸聚焦的過程，此個案研究藉由作者蒐集資料的過程而發展。假如時間允許的話，作者也會保留空間給受訪者發表自己的題目和議題，這種方式使得受訪者樂於談論及探究更深一層的議題。所以說，在一個半結構性的方式中，研究者只問一些必要性的前置問題，並允許受訪者自由發表他們的議題，以作為訪談的發展，顯然比個別的結構性訪談好得多。除了上述受訪者，本書作者也訪問了不同的關鍵人物，例如，「臺灣省國民學校教師研習會」探究教學之「課程實驗委員會委員」、「臺灣省國民學校教師研習會」「編輯小組」的教師成員等等，主要是因為不同的人，將會提供不同的觀點及不同事實的描繪。這些回憶追溯、說明了當時「臺灣省國民學校教師研習會」之課程實驗的發展，誠如Wise（1979, 17）所言：藉由此一方式，這種導引問題解決的慎思熟慮構想，跟隨著所呈現的程序步驟，讀者將能運用到課程研究的前瞻觀點（Pinar, 2015），看到慎思熟慮構想的逐漸明朗化。

第二章　課程實驗之規劃

　　自從1949年以降，多年來臺灣歷經戒嚴時期而導致教育僵化，如何重新調整教育體制，邁向蔡英文總統2015年（民國104年）競選期間所倡導的「以國民學習權取代國家教育權，實現以學習者為中心的教育。」，強調學生才是教育主體，以學生學習為中心，培養學生具備臺灣未來公民的核心素養，重新調整教育體制，並透過「課程實驗」改變教師從過去傳授的角色，調整成協助學生自主行動的引導者（教育部電子報，2016.5.21）。潘文忠部長更在2016年（民國105年）8月24日擴大部務會議上強調學生參與課程綱要審議、高中服儀鬆綁、實驗教育因地制宜、簡化學校行政及評鑑作業等作為，都是調整教育體制，改以學習者為中心的最佳展現（中央廣播電臺，2016.8.24）。特別是「課程實驗」為廣義的實驗概念，包含課程發展歷程中課程的試行、評鑑與修正過程，與學校教師的課程實踐行動（國家教育研究院，2014a），「課程理論」若要能發揮影響實際作用，就必須進行「課程實驗」（Pinar, 2012）。特別是「課程實驗」的實施，不只是一種緩進的「課程改革」（curriculum reform）（黃光雄、蔡清田，2015），更是一種解決課程綱要爭議的途徑（蔡清田，2016；Pratt, 1994），因為「課程改革」是複雜的社會政治的過程（歐用生，2011），因此「課程改革」需要依據一套「課程實驗」的機制，才能使「課程改革」的決策具有合理性和正當性（Cornbleth, 2000; Stein, 2004; Symcox, 2002）。《十二年國民基本教育課程綱要總綱》的實施要點便明確指出，就課程實驗與創新而言，各教育主管機關應提供學校本位課程研發與實施的資源，鼓勵教師進行課程與教材教法的實驗及創新，並分享課程實踐的成果，各該主管機關宜分析課程研發與實驗成果，以回饋課程綱要之研修（教育部，2014，32），尤其是透過「課程實驗」進行與傳統不一樣的創新翻轉，可以教育專業去化解政治及意識型態之紛爭，可為涉及不同價值觀立場的「課綱爭議」尋找可能出路。

　　由於目前國家課程發展過程中缺乏相當重要的試行、實驗與修訂的階段，無法累積課程發展經驗並回饋到國家課程綱要內涵的修訂中（國家教育研究院，2014a）。因此，「課程實驗」的規劃實屬重要。「課程實驗」的規劃或修訂應該由哪些機構或組織參與？其主要職責、任務為何？

由哪些人組成？層級劃分角度則可包括：1.中央與地方主導的課程實驗；2.學校自發性的課程實驗，包括學校本位課程發展或教師社群自發性課程設計；3.民間文教團體的教材研發與實驗，如另類理念的實驗學校、教科書出版商、學會、非政府／營利機構。課程實驗要能永續成功實施，則必須仰賴中央、地方與學校三方面權責劃分清楚，並互相配合與協調，才有可能實現。課程實驗機制的建立需有專責機構：在中央可透過「教育部中小學師資、課程、教學與評量協作中心」整合教育部、國家教育研究院及各大學的研究資源，建立合作機制，中央必須負責提供主要財源、制訂完善的法規。「課程實驗」的機制便是指支持上述各種課程實驗的系統性措施及方法，將分別從中央、地方及學校三個面向提出包含相關行政制度、法條規定、獎勵辦法及課程實驗途徑與回饋方式等建議。

　　但是這些機構或組織之間的縱向、橫向的關係為何？根據《十二年國民基本教育課程綱要總綱》的基本理念而言，這些機構與組織，可以參考從自發、互動、共好原則來建立課程實驗機制，特別是「自發原則」是指透過中央主導的課程實驗議題與獎勵辦法，激發地方政府、學校、教師、以及民間文教團體等進行自發性的課程參與及實踐。「互動原則」是中央或地方各層級的自發性課程實驗能彼此進行分享、對話，增進彼此的理解，激盪出新的思考、新的亮點。「共好原則」乃是指課程發展與實驗機制應廣納各界力量與資源，上自中央、地方政府、下至學校、教師、以及民間文教團體，其力量與智慧皆能在其中貢獻、彼此對話、支持，達到理解、共生、共榮的狀態。「累進原則」則是指「課程綱要」發展與實驗是一個由設計、試用、反思回饋、到修正不斷循環的歷程，是過去經驗與知識的累進，以及不斷進步的演化歷程（國家教育研究院，2014a）。

　　但是，「課程綱要」制定的過程為何？可能受到哪些因素的影響等等？這些都是重要問題（蔡清田，2006；2009）。例如，立法院2016年（民國105年）5月三讀通過修正《高級中等教育法》，「高級中等以下學校課程審議會」（簡稱課審會）委員首度納入學生代表，教育部6月18日開會諮詢學生意見，取得共識開放中小學生審課程綱要，但部分人士從「傳統教育」的專業威權角度反對中小學生審課程綱要，因為中小學生本

身是受教對象，缺乏審課綱的專業知識、能力、經驗，而且對所要學習的內容缺乏全盤的瞭解，無法對課綱修訂的方向提出具體的意見，不適於擔任課審委員，課審會納入學生代表政治介入太深，完全是「搞民粹、和稀泥」，甚至可能被有心人利用而將課綱審查捲入政治鬥爭的漩渦中（聯合新聞網，2016.7.18）。但是，贊成者認為從「民主教育」的角度來看學生代表制度化地參與課程綱要審訂，除了反映學生多元的心聲之外，更能有助於促進學生扮演「使用者」的身分表達希望學習什麼內容、喜歡何種教學方式、對師生互動有何改進建議等教育需求，以鼓勵參與及實際監督來增進課程綱要制訂的透明度，並能擴大學生的公民參與機會，並讓其他的課審委員專家在選擇與確定課程綱要之前，先知道學生的思考方式，瞭解學生的態度與好惡，以協助評估檢測課程綱要的可行性。

過去臺灣的課程綱要都是成年人以家長式的權威決定青少年學生需要知道什麼，不需要知道什麼決定，學生對自己學到什麼完全沒發言權。這種傳統威權專制政體的教育是在培養臣民或國民，不是培養公民。公民的養成是在人民從小開始就被尊重、被要求負責盡義務、並且有權利意識、有獨立思考能力、有社會責任意識、有追求公平正義的勇氣。而這些都需民主公民社會的課程綱要才能培養出來。公民與民主同在，是和民主政治教育密不可分的個人與國家的關係。培養國民或臣民的教育是自上而下的，由傳統政治威權在後推動；而公民教育則由普遍民主價值代替一黨一派的意識型態教義來形成。培養學生成為好公民就保證未來有個好社會，讓學生有權影響對他們自己的教育，就是尊重學生的權利，提醒責任。所以這種讓學生「民主參與」課程綱要審查的機制，讓課綱成為民主教育的一環，不僅打破「黑箱課綱」的迷思，更肯定新生代青年學生對切身公共議題的關注參與，讓學生有機會在討論互動的民主教育過程中，瞭解「多元史觀」各種平行意見，並展現理性對話和對「多元文化」的彼此尊重，以培養恢弘的氣度與寬廣的視野，增進彼此理解以化解「社會對立」與「意識型態的衝突」，跳脫藍綠政黨各自的統獨立場，進而透過批判分析與創造的深度思辨而能有嚴謹的邏輯論述，以便能對理所當然之事，提出「理性觀點」和「同情理解」的「翻轉教育」新見解詮釋與「創新做

法」，促進學生對於切身公共議題的公民參與經驗累積，此一民主參與的機制本身就是值得肯定的「公民教育」（蘋果日報，2016.7.21），有助於提升臺灣公民參與公共事務的決策品質及教育的民主化。尤其是讓學生透過參與課程綱要審議的公共政策討論，呼應《十二年國民基本教育課程綱要總綱》自發、互動、共好的基本理念。但是，畢竟審議課程綱要需要教育專業的知識，學生若成為「高級中等以下學校課程審議會」代表，教育部仍需提供學生更多課程綱要的相關背景知識，讓學生有充分準備好，才有可能提出建設性的意見，以便讓課程綱要審議過程能更加順利，因此，教育部已經透過「高級中等以下學校課程審議會」遴選委員會選出22名推薦學生代表名單，而且為讓學生代表更瞭解十二年國民基本教育新課綱的審議程序，教育部也於2016年（民國105年）8月24-25日舉辦「課審會學生代表增能研習」活動，介紹《十二年國民基本教育課程綱要總綱》理念精神及課程規劃、課審會運作實務外，也讓學生代表分組就課程綱要草案內容進行討論，並以世界咖啡館方式進行課審會運作實務演練，希望讓學生代表更瞭解十二年國民基本教育課程綱要，協助學生學習到「自主行動」、「溝通互動」、「社會參與」等國民所需的「核心素養」。

　　特別是，就國民所需的「核心素養」而言，一方面其理論依據是「聯合國教育科學文化組織」（簡稱「聯合國教科文組織」）（United Nations Educational, Scientific and Cultural Organization, UNESCO）、「經濟合作與發展組織」（Organisation for Economic Cooperation and Development，簡稱OECD）及「歐洲聯盟」（European Union，簡稱「歐盟」或EU）等國際組織所進行的相關理論研究（蔡清田，2014），如「聯合國教科文組織」提出學會求知、學會做事、學會共處、學會自處及學會改變等「終身學習」的五大支柱（UNESCO, 2003），2005年「經濟合作與發展組織」提出運用互動工具、異質性團體互動與自律自主行動等「核心素養」（OECD, 2005），2005年「歐盟」提出母語溝通、外語溝通、數學素養與基本科技素養、數位素養、學習如何學習、人際、跨文化與社會素養以及公民素養、創業家精神、文化表達等促進終身學習的八項「核心素養」（EC, 2005），美國21世紀技能夥伴聯盟（Partnership for

21st Century Skills）整合出「21世紀素養」（21st century competencies）
（NRC, 2010）；另一方面依據我國國家科學研究委員會（現更名為科技
部）進行的《界定與選擇國民核心素養：概念參考架構與理論基礎研究》
（洪裕宏、胡志偉、顧忠華、陳伯璋、高涌泉、彭小妍，2008；胡志偉、
郭建志、程景琳、陳修元，2008；高涌泉、王道還、陳竹亭、翁秉仁、黃
榮棋，2008；陳伯璋、張新仁、蔡清田、潘慧玲，2007；彭小妍、王璦
玲、戴景賢，2008；顧忠華、吳密察、黃東益，2008），可充實國民生
活所需的「核心素養」，培養以「生命為核心」的終身學習者（孫效智，
2009），彰顯儒家培養知善、行善、樂善的君子，兼具有知識有智慧的
「人文教育」、有能力會做事的「人才教育」、有品德樂善行的「人格
教育」之「全人教育」特色（陳伯璋，2015；傅佩榮，2014；蔡清田，
2016）。稍後本書第三章「課程實驗之變革」，會就課程實驗的變革本質
進一步探討。

　　此處先就「課程規劃」（curriculum planning）加以探討，特別是「課
程實驗的規劃」（planning of curriculum experiment），是從事前計畫的
角度，進行課程實驗方案的課程研究規劃設計工作；換言之，課程實驗
的規劃（蔡清田，2016），就是指推動課程實驗的研究發展人員，根據
社會文化價值、學科知識與學生興趣，針對課程目標、內容、方法、活
動與評鑑等因素，所進行的一系列選擇、組織、安排之規劃（蔡清田，
2011；Elliott, 1998; Lawton, 1989; Skilbeck, 1984; Stenhouse, 1975; Tyler,
1949）。

　　就課程實驗之規劃途徑（planning approach to curriculum experiment）
而言，本書除了參考「臺灣省國民學校教師研習會」的課程研究簡介等文
件所強調的課程特色如圖2.1，旨在探究臺灣政府解除戒嚴令之前的1978
年（民國67年）至1987年（民國76年）期間「臺灣省國民學校教師研習
會」板橋模式「課程實驗之規劃」的研究發展人員，採取何種「課程實驗
之規劃」途徑，以規劃其「探究教學」之「理念建議的課程」以及「民族
精神教育」的課程目標等「正式規劃的課程」？「臺灣省國民學校教師研
習會」之課程實驗的研究發展人員，利用何種規劃方法規範說明，以研擬

✿圖2.1　「臺灣省國民學校教師研習會」的課程研究簡介

其「課程目標」？「臺灣省國民學校教師研習會」課程實驗的研究發展人員透過何種「課程實驗之規劃」途徑及透過何種身分的規劃人員以規劃其「課程目標」？這些都是值得關注的「課程實驗之規劃」問題，這些也都將是本章描述分析探究重點。

　　本章課程實驗之規劃，旨在探討「臺灣省國民學校教師研習會」「課程實驗之規劃」途徑與其課程目標，並加以分析探究評議，包括第一節課程實驗之規劃的途徑，第二節課程實驗之規劃途徑的評議。就課程實驗的規劃之途徑而言，「臺灣省國民學校教師研習會」課程實驗的推動者重視東方世界的傳統中國社會文化之「民族精神教育」的課程目標之重要性；「臺灣省國民學校教師研習會」課程實驗透過由上而下的層級組織進行課程規劃；「臺灣省國民學校教師研習會」課程實驗一方面不僅引用西方世界的現代美國社會文化之學者葛羅曼（Hulda Grobman）課程方案設計模式進行課程規劃（Grobman, 1970），另一方面也同時引用美國學者畢夏普（John Bishop）之「探究教學」（inquiry teaching）進行課程規劃；特別是其課程規劃企圖融合東方世界的傳統中國社會文化之「民族精神教育」與西方世界的現代美國社會文化之「民主精神教育」。

　　就課程實驗之規劃途徑的評議而言，「臺灣省國民學校教師研習會」之國民小學社會科「課程實驗之規劃」，是由教育部行政指定辦理規劃的，「臺灣省國民學校教師研習會」探究教學課程實驗的「課程實驗指導委員會」與「課程實驗研究委員會」，均由教育部官方指派規劃。然而，教育部並沒有分配特定的預算經費以支持此項課程實驗的研究與發展。「臺灣省國民學校教師研習會」之「課程實驗之規劃」及其實施的過程中，至少有兩個問題存在，亦即，第一個問題，是此一「課程實驗之規劃」的人力資源缺乏，特定經費支援的缺乏，不利於課程實驗的規劃；第二個問題，是此一「課程實驗之規劃」企圖融合了東方世界的傳統中國社會文化之「民族精神教育」與西方世界的現代美國社會文化之「民主精神教育」的課程規劃之文化選擇，值得進一步深入探究。

第一節　課程實驗之規劃的途徑

　　就「課程實驗之規劃」途徑而言，「臺灣省國民學校教師研習會」課程實驗的推動者，強調東方世界的傳統中國社會文化之「民族精神教育」的課程目標導向之重要性；「臺灣省國民學校教師研習會」的課程實驗之規劃透過「傳統中國社會文化途徑」由上而下的層級組織進行課程規劃；「臺灣省國民學校教師研習會」社會科探究教學的「課程實驗之規劃」也同時引用西方世界的現代美國社會文化學者葛羅曼之課程方案設計模式與畢夏普之「探究教學」進行課程規劃；「臺灣省國民學校教師研習會」社會科探究教學課程實驗的規劃之途徑，融合東方世界的傳統中國社會文化之「民族精神教育」與西方世界的現代美國社會文化之「民主精神教育」。

一、課程實驗的推動者強調「民族精神教育」的課程目標導向之重要性

　　就課程實驗之規劃途徑而言，「臺灣省國民學校教師研習會」板橋模式社會科探究教學課程實驗的研究發展人員，採取「民族精神教育」課程目標導向途徑規劃其「課程目標」。而且，和其他國家有所不同，中華民國政府所強調的「民族精神教育」是一種「愛國主義」的教育，甚至是一種學校課程內容傾向傳統中華民族的中國倫理道德文化，但卻同時反對中國共產黨的「中國化」教育改革，這是一種與中華民國國家認同及學校課程改革相關的民族精神教育，是由學校之外的政治權威所決定，旨在培養臺灣社會的中華民國國民共識以凝聚國家意志，而且與政府權威及國家認同和臺灣社會未來發展關係密切，不僅在追求中華民族的榮譽，尚包括中華民國政府所強調的中華民國國民的國家意識，亦意圖復興中華民族與中國國民黨三民主義的倫理道德價值及儒家主張的忠、孝、仁、愛、信、義、和、平等八德之價值所形成的相關學校教育與課程改革（教育部，1992），這是當時中華民國政權與中國國民黨三民主義思潮下的一種「理想的課程」或「理念的課程」（ideal curriculum），甚至是「意識型態的課程」（ideological curriculum）（Goodlad, 1979），特別是一種由中華民國政府所強調的中國國民黨三民主義思想信仰所形成的「意識型態的課程」（Apple, 1979）。例如「由屠炳春口述史探究解嚴前小學社會科教科書的發展」一文，便指出解嚴前社會科教科書傾向社會適應論與學科課程論，以及解嚴前教科書是「國家意識」的產物（周淑卿、章五奇，2014，1）。

　　當時中華民國政府，不僅將臺灣地區的街道地名與學校名稱，改用富有中國國民黨政治理想與中華民國傳統儒家倫理道德文化精神的稱號，如民族、民權、民生、中山、中正、中興、光華、光復、復興、復國、建國、忠孝、仁愛、信義、和平等；中華民國教育部更進一步主張，一般學校課程應植基於中華民國國父孫中山先生的三民主義及中華民族的忠、孝、仁、愛、信、義、和、平等八德的文化傳統教誨（教育部，1992，

3），以重建中華民國的文化傳統，並以中華民國文化等「理念建議的課程」為核心，編撰國語科、社會科等「正式規劃的課程」之官方課程教科書（國立編譯館，1993a），積極推動官方國語運動並限制使用臺灣本土語言。因此，有必要由中華民國政府的教育部透過行政命令，公布「課程標準」的官方文件，作為政府「正式規劃的課程」（蔡清田，2008），以規範學校教科書編輯的「資源支持的課程」內容與並作為學校教師教學「實施教導的課程」之重要依據。

社會科課程是用來實施「民族精神教育」的核心，及執行中華民國政府反共產主義以及反攻大陸的既定國家政策（國立編譯館，1993b，4）。因此，社會科課程的功能，不僅是在強化中華民國國民的國家認同，並協助學生成為「活活潑潑的好學生與堂堂正正的中國人」（國立編譯館，1992，1）。中華民國在此種社會科課程改革之下，學校教育變成推動「中國化」的國家既定政策，並維持社會穩定以及保護臺灣安全的「國家機器」之重要機制。在這種被視為理所當然的國家主義課程改革情況下，學校教育便從廣泛社會化的影響，變為透過國民義務教育以傳遞公民資質，所不可或缺的重要一環，更具有鞏固中華民國國家安全，與加強「民族精神教育」的重要力量。在這種課程改革之下，國民小學社會科被用來傳遞傳統社會文化的基本價值給下一代，並建立文化共識（龔寶善，1966；司琦，1990），以確保中華民國國家命脈的延續（Schug & Beery, 1987）。社會科課程的目的，乃是結合公民、歷史、地理以避免學生經驗的分裂，並協助學生成為「活活潑潑的好學生與堂堂正正的中國人」，培養其國家的認同感與愛國意識。學生必須接受中華民族文化精髓與中華民國國民義務教育的教學，這些教學強調中華民國的儒家傳統倫理道德、孝順父母、友愛兄弟姐妹、信義待人，甚至效忠於國家。國民小學社會科課程所蘊含的社會基本價值，特別是中華民國的儒家倫理道德與國家的認同感及愛國意識等等「民族精神教育」的內涵，必須毫無疑問地被傳遞給學生，教師的工作與教學，成為灌輸中華民政府所指定要求的國家價值與社會規範（歐用生，1986，144）。

因此，中華民國的國民小學成為貫徹「民族精神教育」的場所，

除了透過社會科等正式課程進行政治社會化的直接教學之外（蔡清田，2003）；每一所學校一方面都以顯著方式在學校川堂或校舍建築外牆上標榜著「活活潑潑的好學生與堂堂正正的好國民」的口號標語（如圖2.2），以培養學生國家的認同感與愛國意識；另一方面，校園內更豎立了中華民國國父孫中山先生與蔣中正總統的銅像（如圖2.3），教室的牆壁更懸掛中華民國的國旗圖像與國父孫中山先生（如圖2.4）等政治偉人照片以潛在課程的境教方式影響學生學習，甚至透過政府官方「國立編譯館」統一編輯發行「正式課程」的《國語課本第三冊》第十一課「先蔣總統蔣公小的時候」，要求全國每一所國民小學師生遵照進行教學（如圖2.5）。

✿圖2.2　仁和國小川堂的「活活潑潑的好學生與堂堂正正的好國民」標語

✿圖2.3　「忠孝」國小校門口的國父孫中山先生銅像與口號

✿圖2.4　嘉興國小教室內的中華民國國旗與國父孫中山先生照片

✿圖2.5　國立編譯館《國語課本第三冊》第十一課先總統蔣公
　　　　 小的時候

　　學校教師需要教導學生瞭解各種國定假日的源由及中華民國的創立歷史，學生在上課日的早上要先參加中華民國國旗的升旗典禮、放學之前也要參加降旗典禮，學生也往往被要求以繪畫、書法、作文等等非正式課程的方式，學習中華民國國定假日的內容，並攜帶中華民國國旗參加遊行集會慶祝活動與呼口號；甚至，在語言的使用上，以北京話為官方指定的中華民國國語，嚴禁使用臺語方言交談，否則將受到處罰，這些定於一尊的國語政策與相關的課程改革運作機制，與強調中華民國及中國國民黨的黨國意識課程改革之規劃，都是用來增進學生的「國家認同」與愛國心。

　　前教育部長吳清基博士曾擔任「臺灣省國民學校教師研習會」主任（1987, 1），是此一行政機構的最高行政首長，他指出：1979年，教育部一再強調社會科課程對「民族精神教育」的重要性，因此，要求板橋教師研習會進行爲期八年的社會科課程實驗。這種企圖似乎可以媲美1934至1942年美國「進步主義教育學會」（Progressive Educational Association）透過課程實驗，進行所謂的「八年研究」（Aikin, 1942, 12），具有時代精神意義與社會文化價值。

　　值得注意的是「臺灣省國民學校教師研習會」板橋模式探究教學課程實驗的推動者，強調「民族精神教育」的課程目標導向之重要性，而且中央政府的教育部，指示「臺灣省國民學校教師研習會」進行國民小學社會科探究教學「課程實驗之規劃」，透過「傳統中國社會文化途徑」由上而下的教育行政層級組織進行課程實驗的推動與規劃。但是，另一方面，特別留意的是，「臺灣省國民學校教師研習會」板橋模式探究教學「課程實驗之規劃」是依據西方世界的現代美國社會文化學者葛羅曼（Hulda Grobman）課程方案設計模式，以及美國休士頓（Houston）大學畢夏普（John Bishop）教授所推動「民主精神教育」之「探究教學」，以進行「臺灣省國民學校教師研習會」板橋模式國民小學社會科課程實驗的課程規劃。

二、課程實驗透過「傳統途徑」由上而下的層級組織進行課程規劃

　　就課程實驗的研究發展人員而言，「臺灣省國民學校教師研習會」板橋模式的國民小學社會科「課程實驗之規劃」有四個層級的組織（臺灣省國民學校教師研習會，1987b，4），分別是：

1. 課程實驗指導委員會：負責指導、計畫和評鑑實驗，成員係由中央政府的教育部所指派。
2. 課程實驗研究委員會：負責課程設計、檢討回顧、編撰實驗教材及進行教學指導，成員包括由教育部所指派的大學教授所組成。

3. 工作小組：負責撰寫實驗研究報告，成員係由臺灣省國民學校教師研習會內部的全職研究人員所組成。

4. 編輯小組：負責編輯教材、進行試教，成員係由臺灣省國民學校教師研習會所借調的在職國民小學教師所組成。本書作者也曾經親自參加此一教師小組的運作。

一位「臺灣省國民學校教師研習會」國民小學社會科課程實驗「工作小組」的成員談到：課程實驗指導委員會的成員是教育部指派的行政官員，負責同意或不同意計畫和實驗（受訪者J, 1）。另一位「臺灣省國民學校教師研習會」小學社會科「工作小組」的成員也表示：課程實驗指導委員會在1979年12月召開第一次會議之後，似乎就未曾再召開會議針對課程實驗進行指導、檢討和評鑑，課程實驗指導委員會似乎就如同從未成立過一般（周經媛，1991）。

因此，除了教育部指派的課程實驗指導委員會之外，實際上，板橋模式的「課程實驗之規劃」有兩個實質的課程實驗層級組織，進行課程實驗實務的規劃與執行推動，一個層級是「課程實驗研究委員會」，成員由教育部所指派的大學教授所組成，負責教學計畫的檢討修改；另一個層級是「任務團隊」，包括臺灣省國民學校教師研習會全職研究人員所組成的「工作小組」與借調教師所組成的「編輯小組」，則負責教學計畫的規劃設計。一位「工作小組」的成員解釋道：我參與由借調教師負責設計的教學活動之規劃與擬定。我身為一個教師與教授的溝通代理人，我也參與研究委員會，以縮短理論與實際上的差異。「工作小組」可說是和「課程實驗研究委員會」及借調教師一起工作的（受訪者J, 1）。

「臺灣省國民學校教師研習會」的國民小學社會科「課程實驗研究委員會」，在1979年（民國68年）12月召開第一次會議，並決定將工作分成三個部分，即資料分析、建立課程教材大綱、和設計教材及評鑑（臺灣省國民學校教師研習會，1979.12.22）。1980年，「臺灣省國民學校教師研習會」總共召開了7次「課程實驗研究委員會」會議，以討論有關實驗計畫、課程編制、教師培訓、教材及教法的創新、國內外蒐集資料的研究分析等議題（臺灣省國民學校教師研習會，1987b，4）。同時，工作小組蒐

集美、日、德等國的國民小學社會科課程資料，並且分析不同年級學童的不同學習能力，並透過實證調查，以作爲課程實驗的基礎（臺灣省國民學校教師研習會，1987b，4）。

第一年計畫進行整體規劃、資料分析與討論會。接著，「臺灣省國民學校教師研習會」目標，是自1980年9月起逐年編輯六年的教材，並在最後一年也就是1987年完成評鑑報告。爲了獲致更寬廣的選擇，「臺灣省國民學校教師研習會」召開多次討論會，並廣泛邀請學者專家與會交換意見。舉例來說，在1979、1980年，臺灣省國民學校教師研習會（1987b，27），邀請臺灣地區9所師範院校的教授，討論有關國民小學社會科課程實驗之教材教法。此外，經由「工作小組」的研究後發現，探究教學對學生的學習態度而言，較傳統式爲佳（臺灣省國民學校教師研習會，1980，687），「臺灣省國民學校教師研習會」的國民小學社會科課程實驗「工作小組」也透過研究國民小學社會科理想內容，以作爲一個教學大綱形成的基礎（洪若烈，1986）；研究中國兒童社會行爲的發展，以作爲設計學習活動的基礎（柯華葳，1983）；研究國民小學各個年級兒童的價值觀，以作爲瞭解兒童發展的基礎（柯華葳，1986）。

三、課程實驗引用美國學者葛羅曼課程方案設計模式進行課程規劃

就課程實驗之規劃途徑而言，「臺灣省國民學校教師研習會」探究教學課程實驗的推動者，雖然一方面強調「民族精神教育」的課程目標導向之重要性，但是，另一方面，有趣而值得特別留意的是，根據「臺灣省國民學校教師研習會」課程實驗「工作小組」全時工作的專職研究人員指出（秦葆琦，1989b，30），板橋模式課程規劃也是參考美國學者葛羅曼（Hulda Grobman）課程方案評鑑活動的系統設計模式，進行課程實驗之規劃（Grobman, 1970），其步驟包括：實驗教學、實驗編寫、試行教學、修改及擴大實驗。根據「臺灣省國民學校教師研習會」課程實驗的研究文獻也明確地指出，板橋模式的課程規劃歷程包括：設置課程實驗研究與指

導委員會；蒐集資訊；建議課程大綱；決定教材的細目；編輯實驗教材；設計教學輔具；決定實驗課程；選擇和決定實驗學校；教師在職教育和培訓；教學實驗；教學指導；實驗教材的修訂；總檢討（臺灣省國民學校教師研習會，1992，3）。

由上述一手的研究文獻資料可知，教育學者、課程研究者及教育行政人員等，組成了「臺灣省國民學校教師研習會」社會科「課程實驗研究委員會」，接著「臺灣省國民學校教師研習會」向全國各縣市地方政府借調有實務教學經驗的優良國民小學教師，以組成設計教材教法的「編輯小組」。一位在「臺灣省國民學校教師研習會」國民小學社會科課程實驗「工作小組」的成員，指出板橋模式參考西方世界的現代美國社會文化學者葛羅曼（Hulda Grobman）課程方案評鑑活動的系統設計模式，進行課程實驗的規劃，並從各個可能來源獲得專家諮詢：我們有不同來源的人力參與這項課程實驗工作，如：在大學不同領域工作的教授；可以告訴我們「學校發生什麼」的優秀學校教師；還有在本機構全時工作的研究專家，我們每分每秒所想的都和課程發展及社會科要素有關，我想這是相當重要的（受訪者A, 1）。

四、課程實驗引用美國學者畢夏普之探究教學進行課程規劃

另一方面，就課程實驗之規劃途徑而言，「臺灣省國民學校教師研習會」國民小學社會科課程實驗的研究發展人員，在板橋模式國民小學社會科課程實驗研究八年中的第一年，也借用了來自西方世界的美國休士頓（Houston）大學教授畢夏普（John Bishop）博士的「探究教學」理念，以進行板橋模式國民小學社會科「課程實驗之規劃」。前任「臺灣省國民學校教師研習會」主任崔劍奇先生，曾經以感謝的口吻指出：我們必須謝謝Houston大學的Dr. John Bishop，他對於我們方案的計畫與實驗有很多建議（崔劍奇，1987, 3）。

在1979至1982年期間，「臺灣省國民學校教師研習會」曾經三次邀請來自美國休士頓（Houston）大學教授畢夏普博士，並介紹社會科「探究

教學」（臺灣省國民學校教師研習會，1987b，3）。舉例來說，畢夏普博
士受邀參加「臺灣省國民學校教師研習會」課程實驗第十七次研究委員會
會議，並參加師範院校社會科教授為促進社會科探究教學所召開的會議。
為了探究美國的「探究教學」是否適用於臺灣，「臺灣省國民學校教師研
習會」在臺灣地區的12所國民小學，展開一連串的社會科探究教學的課
程實驗。一位工作小組的教師指出：最初，板橋模式仿效藉由探究教學實
驗的社會科發展。 這項實驗強調新教法勝於新教材，在板橋模式社會科
課程的開始，他們試用新教法去教導一、二年級的學童。是項實驗深受教
師歡迎，所以他們接著發展植基於探究教學法的社會科新課程（受訪者L，
3）。

　　之後，進行課程實驗的學校教師，接受「臺灣省國民學校教師研習
會」為期兩個禮拜的探究教學培訓之後，開始編輯「探究教學」、「課程
實驗」的教學材料，以規劃單元教學設計，並設計教具。實驗教材完成初
稿編輯之後，也隨後進行試教。這是「臺灣省國民學校教師研習會」板橋
模式課程實驗中，國民小學社會科課程第一個八年研究的發軔。

五、透過結合「民族精神教育」與「探究教學」的理念，以規劃
##　　其「課程目標」

　　就課程實驗之規劃途徑而言，「臺灣省國民學校教師研習會」板橋
模式課程實驗的研究發展人員，透過結合中華民族傳統「民族精神教育」
的東方社會文化與西方現代社會具有「民主精神教育」的「探究教學」之
理念，以規劃其「課程目標」。特別是，「臺灣省國民學校教師研習會」
板橋模式課程實驗的課程目標，基本上有兩個功能：1.發展個人的能力和
興趣，並且追求個人的滿足。2.培養國民的愛國情操。「臺灣省國民學校
教師研習會」課程實驗的目標乃在於：培養兒童良好生活的行為、習慣和
舉止；培養其基本知識和能力，以適應現代社會生活，實踐良好的傳統道
德，幫助學生成為活活潑潑的好學生與具有愛國情操的國民（臺灣省國民
學校教師研習會，1987b，7）。這是在中華民國解除戒嚴之前的臺灣就讀

過國民小學的學生終身難忘的，因為在每一本制式的學生作業本封底上，便印有兩行字：「當個活活潑潑的好學生，做個堂堂正正的中國人」。此種國民學校教育目標呼應了蔣中正總統在1968年（民國57年）9月9日實施九年國民義務教育所發表之訓詞提示的「陶鑄成為活活潑潑的好學生，堂堂正正的好國民。」，透過國民學校教育的目標「做一個活活潑潑的好學生，做一個堂堂正正的中國人」，將「臺灣人」轉型成為本書第一章所言的「中國人」或「新中國人／臺灣人」，表面上標榜著反共復國的愛國情操，實際上卻是配合「中國國民黨」的「大中國」／「中國化」／「中國本位」意識型態，在國民學校教育課程教導「大中國」與「中國本位」的思想，強調「臺灣人」的祖先是從大陸移民來的「中國人」，臺灣和中國大陸是分不開的，臺灣是中華民國的一部分，「臺灣是反攻大陸的跳板」也是「反抗共產主義的精神堡壘」與「復興中華文化的基地」，更是「新中國的民主自由燈塔」。這說明在型塑「國家認同」的過程中，國民學校教育扮演重要的角色（Anderson, 1983; Hein & Selden, 2000; Schissler & Soysal, 2005; Vickers & Jones, 2005），戒嚴時期的臺灣國民學校教育敘述告訴了一群在中華民國臺灣的國民，他們從哪裡來，又應該往哪裡去，他們都是來自中國大陸而且要反攻大陸光復國土的「中國人」（Liu & Hilton, 2005）。這是一場在臺灣透過國民學校教育進行「中國化」與「臺灣化」的奮鬥史，更是臺灣人民經由國民學校的「民族精神教育」與「民主精神教育」之社會價值文化與「國家認同」之掙扎奮鬥過程，如同本書第一章的析論，不僅教育這一代生活在臺灣的「中國人」，也透過教育教導下一代的「新中國人／臺灣人」與「新臺灣人」。

　　「臺灣省國民學校教師研習會」板橋模式課程實驗的課程目標，乃是植基於依學生的興趣與需求為起點，並依據國家利益與社會需求來決定的教育目標，並根據其間的互動以決定其課程目標（崔劍奇，1987，1）。「臺灣省國民學校教師研習會」這一課程實驗，可以說是混合了東方世界的傳統中國社會文化之「民族精神教育」與西方世界的現代美國社會文化之「民主精神教育」，特別是融合來自中華民國臺灣傳統教育的「民族精神教育」和引自美國「民主精神教育」的探究教學理念之新課程。

　　有趣而值得進一步探究分析的是，「臺灣省國民學校教師研習會」板橋模式「課程實驗之規劃」所重視的，究竟是開放式的「探究教學」（open-ended inquiry teaching）之「民主精神教育」？或東方世界傳統中國社會文化「規定的社會價值」（prescribed social value）之「民族精神教育」傳遞？「臺灣省國民學校教師研習會」板橋模式課程實驗的課程目標似乎是提出問題，而不是回答問題，也是對「民主精神教育」之開放目的之「探究教學」，鼓勵學生採取提問探究的學習方式；換言之，板橋模式課程實驗的課程目標是「民主精神教育」，也是沒有固定終點的，這似乎說明了板橋模式課程實驗是一種傾向西方世界的現代美國社會文化之「民主精神教育」的「歷程模式」課程規劃，鼓勵學生採取探究問題的學習方式。

　　特別是，「臺灣省國民學校教師研習會」板橋模式「課程實驗之規劃」，是否也向學生傳達了一種傳遞東方世界的傳統中國社會文化「規定的社會價值」之「民族精神教育」特定觀點，甚至是一種被視爲理所當然而未被質疑的「意識型態的課程」（蔡清田，2008；Goodlad, 1979），此套實驗課程是否具有濃厚的中華民國社會文化價值觀與反應傳遞「民族精神教育」的手段。特別是「臺灣省國民學校教師研習會」板橋模式課程實驗，似乎與推動課程實驗的研究發展人員「規定的社會價值」觀關係密切，這便引發一個問題，亦即有關板橋模式課程實驗研究發展者的價值觀與的東方世界的傳統中國社會文化價值的意識型態，是否和西方世界的現代美國社會文化之「民主精神教育」開放式目的的探究教學的「歷程模式」「課程實驗之規劃」，相互矛盾衝突（黃光雄、蔡清田，2015）？

　　「臺灣省國民學校教師研習會」板橋模式課程實驗的「探究教學」理念傾向於開放目的的探究，透過「探究教學」引導學生進行知識的探究與知識的開拓。然而，「臺灣省國民學校教師研習會」板橋模式課程實驗的研究發展者，企圖讓板橋模式課程實驗提供教學材料物質資源，讓學生做成決定以影響其身爲中華民國國民的社會文化生活方式，特別是「臺灣省國民學校教師研習會」板橋模式課程實驗對於「活活潑潑的好學生與堂堂正正的愛國國民」之課程目標，這種由政府官方事前規定的「正式規劃

的課程」與「理念建議的課程」（蔡清田，2008），是一種有著明顯而清楚明白的立場與強烈信念「意識型態的課程」（ideological curriculum）（Goodlad, 1979），似乎和其所標榜的開放目的的「探究教學」之「民主精神教育」理念，相互矛盾衝突。

　　此處便導出作者先前質疑的精微問題，亦即板橋模式課程實驗的課程目標是否已經早就被「臺灣省國民學校教師研習會」事前所預先規定？而且其所強調的「民族精神教育」課程目標導向，是不同於「臺灣省國民學校教師研習會」板橋模式課程實驗其本身所標榜的「探究教學」之「民主精神教育」理念？這些隱含在「臺灣省國民學校教師研習會」板橋模式課程實驗課程目標的課程議題之中的「意識型態的課程」，流露出「臺灣省國民學校教師研習會」的「課程實驗指導委員會」、「課程實驗研究委員會」、「工作小組」等課程研究發展人員的「國家認同」或「文化認同」之擔心焦慮，企圖降低東西文化歧異所帶來的緊張，並進而倡導與嘗試傳遞中華民族傳統社會文化價值，而這也是似乎事前透過課程實驗的規劃，而預先規範了中華民國的「民族精神教育」價值信念與立場。

　　西方世界的現代美國社會文化之「民主精神教育」理念是什麼？如何使「探究教學」進一步發展？「臺灣省國民學校教師研習會」板橋模式「課程實驗之規劃」的這些問題，是民主社會開放探究教學的問題，則這將會涉及不同的理解與歧異的結果之可能性，而這似乎又不合於「臺灣省國民學校教師研習會」板橋模式「課程實驗之規劃」的「民族精神教育」課程目標。就此而言，「臺灣省國民學校教師研習會」板橋模式「課程實驗之規劃」似乎事前就已經規定了中華民國社會價值傳遞東方世界的傳統中國社會文化價值「民族精神教育」意識型態之預定結果，而這又似乎與「民主精神教育」開放目的「探究教學」之理念相互違背。研究者將在稍後下一章節詳細探討此一有趣的問題。

第二節　課程實驗之規劃的評議

　　「臺灣省國民學校教師研習會」板橋模式社會科探究教學「課程實驗之規劃」，是由教育部行政指定辦理規劃，「課程實驗指導委員會」與「課程實驗研究委員會」都是教育部官方指派的。「臺灣省國民學校教師研習會」板橋模式「課程實驗之規劃」及其實施的過程中至少有兩個問題存在，亦即，「課程實驗之規劃」人力資源的缺乏，特定經費支援的缺乏，不利於課程實驗的規劃；課程實驗企圖結合中國傳統社會文化「民族精神教育」與美國現代社會文化「民主精神教育」的文化選擇；換言之，板橋模式「課程實驗之規劃」企圖融合了東方世界的傳統中國社會文化之「民族精神教育」與西方世界的現代美國社會文化之「民主精神教育」的文化選擇，但兩者似乎彼此矛盾衝突。

一、課程實驗人力資源的缺乏，特定經費支援的缺乏，不利於課程實驗的規劃

　　就「課程實驗之規劃」而言，特別是在於「臺灣省國民學校教師研習會」課程實驗的資源補助不足。舉例來說，「臺灣省國民學校教師研習會」是一個臺灣省政府設立的機構，旨在辦理「學校教師研習」為主，有其財源、人事問題和其他資源的限制，而非以辦理課程研究發展實驗為最主要任務。而且「臺灣省國民學校教師研習會」板橋模式的「課程實驗之規劃」，乃是經由「課程實驗指導委員會」、「課程實驗研究委員會」、臺灣省國民學校教師研習會「工作小組」、借調教師的「編輯小組」共同貢獻而進行的，必須配合政府的行政管理。然而，中央政府的教育部希望進行此項「課程實驗」卻又未編列足夠的特別經費補助，以至於「臺灣省國民學校教師研習會」的財源不足，難以聘用研究課程的專職教授及課程實驗編輯教材教法的專任研究教師，而只能以臨時編組方式暫時借調人才

以應燃眉之急。「臺灣省國民學校教師研習會」的課程實驗研究文獻便明確地指出：其困難之處在於課程實驗的需求，這些都是源於人力資源的缺乏，時間的缺乏，特定經費支援的缺乏（臺灣省國民學校教師研習會，1987b，21）。

上述因素，可能就是為什麼「臺灣省國民學校教師研習會」發展板橋模式實驗過程一再延宕的部分原因。這也難怪到了1987年（民國76年）第一階段八年研究的最後一年，臺灣省國民學校教師研習會課程實驗任務小組僅完成一年級到四年級的教材編輯，教學實驗也才從一年級實施到三年級，整個課程實驗要等到第二階段八年研究之後才完成。「臺灣省國民學校教師研習會」的課程實驗文獻紀錄便指出：這個課程實驗是由教育部決定的，指導委員會與研究委員會的成員都是由教育部派任的。然而教育部並沒有分配特別經費，以支持這項研究與新課程的發展。同時，實驗學校的財政經費支持非常有限。因此，教學材料與教具的支持及教師參與區域教學觀摩示範工作坊的經費支持都是十分有限（臺灣省國民學校教師研習會，1987b，21）。

「臺灣省國民學校教師研習會」必須透過臨時編組的方式，邀請教授及借調的實驗教師參與臨時討論會或研習，這些借調的實驗教師與「課程實驗研究委員會」的組成是暫時性的臨時編組。這些在「臺灣省國民學校教師研習會」暫時兼職的課程實驗參與者平時另有其所屬機構的全職工作，並不能參與全部的「臺灣省國民學校教師研習會」課程實驗之相關會議，也不能像全職的「臺灣省國民學校教師研習會」課程實驗「工作小組」成員那樣的全時付出貢獻。一位「臺灣省國民學校教師研習會」課程實驗「工作小組」的成員指出：在「課程實驗研究委員會」中有學者和專家，然而，有些人對於課程發展興趣不高，或是位居政府高級文官的地位，但是太忙以致於無法全程參加「課程實驗研究委員會」並做出更多貢獻。這實在是一件令人遺憾的事（秦葆琦，1989c，35）。

二、課程實驗企圖融合東方世界的傳統中國社會文化之「民族精神教育」與西方世界的現代美國社會文化之「民主精神教育」的文化選擇

　　就「課程實驗之規劃」的途徑而言，「臺灣省國民學校教師研習會」板橋模式的探究教學「課程實驗之規劃」，企圖結合中國傳統社會文化「民族精神教育」與美國現代社會文化「民主精神教育」的文化選擇。「臺灣省國民學校教師研習會」板橋模式的探究教學課程規劃，採用教育部官方指定「民族精神教育」目標導向的課程規劃途徑，強調東方世界的傳統中國社會文化之「民族精神教育」的課程目標導向之重要性，透過「傳統中國社會文化途徑」由上而下的行政層級組織進行課程規劃，同時引用西方世界的現代美國社會文化學者葛羅曼課程方案設計模式與畢夏普之「探究教學」進行課程規劃，「課程實驗之規劃」企圖融合東方世界的傳統中國社會文化之「民族精神教育」與西方世界的現代美國社會文化之「民主精神教育」文化選擇。這也看出此一時期中華民國臺灣的國民小學社會科課程，反應出本書第一章課程實驗之背景指出臺灣解嚴之前的獨特時代政治、社會與教育變革之背景。

　　「臺灣省國民學校教師研習會」的「課程實驗之規劃」經由分析國外社會科教育文獻，且做了一些課程相關實徵研究以後，擬定了實驗課程的理論體系，並發展各年級教學目標和教材綱要。就課程規劃的文化選擇而言，其「課程實驗之規劃」不僅保留著東方世界的傳統中國社會文化「民族精神教育」之特色，且亦受到西方世界的現代美國社會文化心理學者畢夏普「探究教學」的影響。「臺灣省國民學校教師研習會」板橋模式探究教學課程實驗採取的課程規劃途徑，乃是一種企圖融合了東方世界的傳統中國社會文化之「民族精神教育」與西方世界的現代美國社會文化之「民主精神教育」之文化選擇的混合物，這是融合1949年隨著中華民國政府播遷來臺傳遞東方世界的傳統中國社會文化「民族精神教育」意識型態深層結構之政治文化遺產，與引自美國西方世界的探究教學之「民主精神教育」意識型態，試圖透過民主與多元的教育方式進行探究教學，培養臺

灣學生的探究學習方式與民主思考方式，將西方世界的現代美國社會文化
之「民主精神教育」注入中華民國臺灣的國民學校師生，以抗拒東方中國
這一條巨龍的「中國共產主義」意識型態之政治霸權與軍事威脅。這反映
了本書第一章第二節所指出的臺灣藉由實施「民族精神教育」極力倡導復
興中華文化，而與傳統中國文化密不可分，但臺灣社會現實生活卻飽受東
方巨龍的中國大陸政治經濟軍事威脅，而美國因為距離之故，往往「遠水
救不了近火」，臺灣處在兩大軍事強權與文化霸權的影響之下，必須在夾
縫中求生存發展，處在這種「撲朔迷離」的獨特情境下，臺灣政府也必須
千方百計用盡各種可能方法透過學校教育課程改革加以因應，而形成特定
時代「神祕」難以捉摸且「矛盾」複雜多變的雙重特質學校課程。特別是
透過課程改革強調不同程度的傳統中國文化「民族精神教育」與現代西方
文化「民主精神教育」以圖求社會生存的途徑，如同中華民族精神教育意
涵的儒家經典《大學》第二章〈釋新民〉所指出的：「苟日新，日日新，
又日新……周雖舊邦，其命維新，是故君子無所不用其極」，展現出一種
並非西方世界所能理解的「國家認同」模式課程變革（蔡清田，2016；
Smith, 1993）。

　　就其文化參照而言，這是臺灣企圖脫離東方世界的傳統中國社會文
化鐵幕寵罩陰影，似乎逐漸「去中國化」而且「逐漸西化」，逐漸往西方
世界的現代美國社會文化之民主主義意識型態靠攏。這是自1949年中華
民國政府遷臺以來的明顯「課程實驗之規劃」，因為在臺灣一直就存在著
一種向中國大陸傳統文化傾斜靠攏的「中國化」或傾向西方世界美國現代
社會民主教育之間的緊張關係。臺灣同時存在於東方世界的傳統中國社會
文化與西方世界的現代美國社會文化這兩種「文化霸權」之間，並且同時
參照使用中國與美國這兩種「文化霸權」的社會文化教育資源。這就是
為什麼在「臺灣省國民學校教師研習會」板橋模式探究教學課程實驗的
課程規劃，存在著一股緊張對抗的氣氛，反映了臺灣政治社會文化脈絡
下，企圖同時融入東方世界的傳統中國社會文化「民族精神教育」與西方
世界的現代美國社會文化「民主精神教育」之文化選擇的雙軌文化參照
關係，這種存在東方與西方「之間」（in/between）的文化融合（cultural

hybridity），流露出「臺灣省國民學校教師研習會」板橋模式探究教學「課程實驗」的歷史演進（historically-evolved）並非過程平順的幸福歷程（happy process），而是動盪不安的發展，似乎顯現「被文化殖民者」不安的（disquiet）後殖民知識產出（McCarthy, 1998），作者將在本書下一章「課程實驗之變革」，進一步加以描述分析與評議。

第三章　課程實驗之變革

　　「課綱微調」的議題在2015年（民國104年）引發激烈衝突，教育部一度被反課綱學生包圍，更引發反課綱高中生翻牆夜闖教育部、攻占教育部前廣場的激烈抗爭。立法院2016年（民國105年）5月三讀通過修正《高級中等教育法》，課審會審議大會委員首度納入學生代表，教育部6月18日開會諮詢學生意見，取得共識，決定由學生組遴選委員，選出課審會審議大會及分組審議會學生代表委員。特別是2016年（民國105年）6月18日下午二時，多位反課綱學生不再是偷偷摸摸翻牆潛入，而是大大方方走進教育部正門，並且名正言順地參與教育部舉辦「教育部課程審議會學生代表產生方式諮詢會」，與關心課程綱要的師長面對面座談，全場有約80名學生參與，多是高中生、大學生與碩博士生。部長潘文忠指出，教育是以學生為主體，希望學生主體性可慢慢取代國家教育權，希望「以國民學習權取代國家教育權，實現以學習者為中心的教育。」，強調國民有受教育的「義務」，蛻變到接受教育的「權利」，強調學生才是教育主體，國家必須以學生學習為中心，重新調整新的教育體制，打造一個以學習者為中心的教育體制，並透過「課程實驗」改變教師從過去傳授的角色，調整成為協助學生「自主行動」的引導者（教育部電子報，2016.5.21）。但是，面對立院修法，教育部將學生納入課審委員，清華大學榮譽講座教授李家同感嘆，這儼然「革命無罪、造反有理」，審課程綱要是專業的事，別說中小學生，連大學生也不見得懂課綱、更別說審課綱了（聯合新聞網，2016.7.18）；武陵高中校長林清波批判中小學生審課綱，並表示課審會納入學生代表政治介入太深，「完全是民粹化的表現。」因為學生要有足夠能力、知識、生命經驗才能審課綱，中小學生本身是受教對象，不適於擔任課審委員；但是，另一種觀點是從「民主教育」的角度，讓學生代表制度化地參與課程綱要審訂，可讓學生代表扮演「試用者」的角色，並讓其他的課審委員先知道學生的思考方式與態度好惡，以協助檢測課程綱要的可行性（蘋果日報，2016.7.21）。甚至，參與「反黑箱課綱」運動的臺大歷史系學生廖崇倫表示，反黑箱課綱學生運動最有價值的地方，是讓臺灣社會開始認為高中生也是社會運動的重要參與者，改變了臺灣，啟發很多人的公民意識，開始對歷史教育和公民教育有所省思（自由時報，

2016.7.30）。這些議論引發了課綱爭議的一個深層而值得研究的問題。

　　特別是「課程實驗」背後的一個課程研究問題，是一個有關「課程實驗」背後所要進行的「變革」（change）問題（Rogers, 2003），亦即，「課程實驗之變革」（change of curriculum experiment）的問題（蔡清田，2016）。過去有關課程變革方面的研究，大多依據新馬克思主義，強調課程的定義、選擇、組織和評鑑受到政治和意識型態的影響（歐用生，1990），因此課程改革是意識型態的產物，重視「誰」（例如學生）來決定，以及決定背後的知識、權力關係（Apple, 1979, 2003）。「後」現代的課程史研究，質疑前述新馬克思主義的假定，強調讓多樣的、不同的研究導向都能被檢核。如Baker（2009）強調新課程史將課程視爲知性中心，視爲「宏觀」的趨勢、政策、系統，和「微觀」的師生交互作用的交會點，需有「微觀」的、立即性層次的分析。正如Goodson（1985）所言，只從「宏觀」層次探討課程理論，而缺少對於課程在「微觀」層次上的教材教法是如何不同學校師生被協商的實徵研究，從歷史來看是十分危險的（蔡清田，2008）。因此，本章特別從「教學的變革」、「學習的變革」、「教師的變革」、「教科書的變革」、「教師手冊」等一連串變革來加以分析與評議「臺灣省國民學校教師研習會」板橋模式探究教學的「課程實驗之變革」。

　　「臺灣省國民學校教師研習會」出版了如圖3.1認識國民小學社會科新課程等課程文件強調板橋模式在社會科的應用（周經媛，1989），然而，就板橋模式課程實驗之變革本質（change nature of curriculum experiment）而言，究竟「臺灣省國民學校教師研習會」如何進行板橋模式「課程實驗之變革」，從事板橋模式課程實驗的「課程實驗研究委員會」、「工作小組」等人員如何將其「探究教學」之「理念建議的課程」（ideal curriculum）與「民族精神教育」的課程目標等「正式規劃的課程」（planned curriculum）（蔡清田，2008），轉化爲一般社會大眾所「知覺的課程」（perceived curriculum）？並轉化成爲一種學校教師進行「運作的課程」（operational curriculum）之教學依據？以及學生學習經驗（learning experience）之「經驗的課程」（experiential curriculum）？

✿圖3.1　認識國民小學社會科新課程

在板橋模式課程實驗的轉化過程當中，「課程實驗研究委員會」、「工作小組」等人員是否涉及了教科書與教師手冊或教學指引等「支援的課程」（supported curriculum）之教材資源（teaching material resources）的選擇安排設計或生產製造？是否涉及了教學材料（teaching materials）、教學型態（teaching mode）與學校教師理念之改變？其課程所預期呈現的最主要特色是什麼？這些都是值得關注的課程實驗之變革問題，這些也都將是本章探究重點。

　　本章「課程實驗之變革」，包括第一節課程實驗之變革的本質，第二節課程實驗之變革的評議。第一節課程實驗之變革的本質，探討了「臺灣省國民學校教師研習會」板橋模式「課程實驗之變革」包括了由教科書中心之教學，轉移至「探究教學」活動；強調學生學習應來自其經驗和實際活動；強調教師放棄傳統刻板的教學和考試，發展新式教學技巧和評量；強調教學指引與教師手冊的重要性；換言之，「臺灣省國民學校教師

研習會」板橋模式「課程實驗之變革」，包含了「教學的變革」、「學習的變革」、「教師的變革」、「教科書的變革」、「教師手冊」等一連串「課程實驗之變革」。第二節課程實驗之變革的評議，根據第一節所描述的五種課程變革的表象，進一步加以評議分析，特別是從「臺灣省國民學校教師研習會」板橋模式「課程實驗之變革」呈現了支援課程「技術途徑」（technical approach）的「教材資源變革」、社會科學「文化途徑」（cultural approach）的「教學方法變革」、中華民國觀點「政治途徑」（political approach）的「社會價值變革」來加以評議。

　　特別值得留意的是，「課程實驗之變革」表象上，板橋模式課程實驗具有「教學的變革」、「學習的變革」、「教師的變革」、「教科書的變革」、「教師手冊的變革」等面向的「課程實驗之變革」，這些「課程實驗之變革」具有支援課程「技術途徑」（technical approach）的「教材資源變革」、社會科學「文化途徑」（cultural approach）的「教學方法變革」、中華民國觀點「政治途徑」（political approach）的「社會價值變革」等深層意涵，融合1949年之後隨著中華民國政府播遷來臺傳遞東方世界的傳統中國社會文化之「民族精神教育」意識型態深層結構之政治文化遺產，與引自美國學者畢夏普的探究教學之「民主精神教育」意識型態深層結構，試圖透過民主與多元的教育環境之課程實驗教師進行探究教學，培養臺灣地區學生的探究學習方式與民主思考方式，透過傾向西方世界的現代美國社會文化之「民主精神教育」，以抗拒東方噴火龍的中國共產主義意識型態之政治威脅與軍事恫嚇。值得更深入評議分析的是「臺灣省國民學校教師研習會」板橋模式課程實驗之深層結構變革，反映出教材變革與教法變革等等之外的一種對「國家認同」的不確定感與一種建立強烈關注「愛國主義」意識型態的社會文化價值深層結構之課程變革，而且「臺灣省國民學校教師研習會」板橋模式課程實驗的課程變革，存在著傳遞「愛國主義」意識型態的「民族精神教育」課程目標與鼓勵批判思考的「探究教學」方法之間的矛盾，本章將進一步闡述。

第一節　課程實驗之變革的本質

　　「臺灣省國民學校教師研習會」出版了如圖3.2國民小學社會科教學法專輯等課程文件強調了問思教學法與如何運用討論法於班級教學等（周經媛，1990），「臺灣省國民學校教師研習會」在板橋模式探究教學「課程實驗之變革」過程當中，「課程實驗研究委員會」、「工作小組」等人員是否涉及了教科書（textbook）、教師手冊或教學指引等教科用書等「支援的課程」（supported curriculum）之教材資源（teaching material resources）的選擇安排或生產製造？是否涉及了教學材料（teaching materials）、教學型態（teaching mode）與學校教師觀念之改變？其課程所預期呈現的最主要特色是什麼？

✿圖3.2　國民小學社會科教學法專輯

　　具體而言，「臺灣省國民學校教師研習會」板橋模式探究教學「課程實驗之變革」包括了由教科書中心之教學，轉移至探究教學活動；強調學生學習應來自其經驗和實際活動，強調教師放棄傳統刻板的教學和考試，發展新式教學技巧和評量；強調教學指引與教師手冊的重要性；詳細而言，「臺灣省國民學校教師研習會」板橋模式「課程實驗之變革」涉及了「教學的變革」、「學習的變革」、「教師的變革」、「教科書的變革」、「教師手冊」等一連串變革，分析如次。

一、由教科書中心之教學，轉移至探究教學活動

　　「臺灣省國民學校教師研習會」板橋模式探究教學課程實驗，針對臺灣傳統的國民小學課程進行了明顯的變革。過去臺灣戒嚴時期的學校教學是以國立編譯館出版的教科書爲主，這是一種在封閉社會系統中，依賴政治權威的知識符碼，以致於課程是一種政治控制的工具，教科書變成是教導特定政治意識的一種媒介（黃鴻文，1989，67；歐用生，1986，123）。例如，在國民小學第五冊的社會科教科書中，介紹臺灣民主政治，目的是爲了三民主義政治宣傳和讚揚中華民國臺灣的政府，其重要性，甚至勝於要幫助學生瞭解民主的概念或是在日常生活中實踐民主（王浩博，1989，150）。甚者，教科書比較像是學生的政治手冊，是設計來鼓勵對民族英雄的崇拜（黃政傑，1988；歐用生，1989，133），學生被教導去瞭解中華民國國旗、國父孫中山先生和先總統蔣中正先生的政治意義（陳麗華，1993，49）。學生的學習被視同行爲的制約，把學生當成是可從事先規劃而塑造成各種形狀的材料，且教師被當作是在工廠中製造產品的機器人。一位教科書編者提到：「國小社會科的目的是要學生學習好的行爲，所以教學設計要根據操作制約原則和強調可操作行爲。」（屠炳春，1989，44）。這也呼應了「由屠炳春口述史探究解嚴前小學社會科教科書的發展」，一文的結論便指出解嚴前社會科教科書傾向社會適應論與學科課程論，以及解嚴前教科書是「國家意識」的產物（周淑卿、章五奇，2014，1）。

　　「臺灣省國民學校教師研習會」透過「探究教學」，類似於國民中小學九年一貫課程改革的「主動探索與研究」之基本能力，或今日十二年國教所倡導的「系統思考與解決問題」之「核心素養」以激發好奇心及觀察力，主動探索和發現問題，並將所學的積極運用在生活之中以增進解決問題的素養。但是，這是不同於外國學者所倡導的「探究」課程，特別是有些國外學者主張教育和「探究」劃上等號，認為「探究」課程並非學校某些時段所發生的事情，也不是完成一個科學實驗的單元可以教出來的能力。例如，Short, Harste, & Burke（1996: 51）便指出：「探究」是一種思維，一種完整的教育觀；「探究」就是教育，教育就是「探究」，「探究」比解決問題涵蓋的多；解決問題意會到一個正確的答案，「探究」意會著揭開議題的複雜性時會得到的另外的想法。難題不是要避免，反而是「探究」的機會。

　　但是，「臺灣省國民學校教師研習會」板橋模式「課程實驗之變革」的「探究教學」之「探究」，是實驗或是實驗的起點，強調的是教學方法，一種統整組織整個課程的方法，而不是學習方法，並不是讓好奇的學生自由的研究他們感興趣的領域，也不是鼓勵多樣的「探究」方法，允許多樣的「探究」結果；這種強調以教師為主體的「探究教學」，而非以學生為主體的「探究學習」（Bruner, 1960），而是比較接近Thier和Daviss（2001）所說的「探究」強調教師必須有計畫的引導學生，帶著學生走過一次又一次的「探究」課程，學生才會有能力從「探究」中做資訊的連結和統整，這個教學課程稱為「經過引導的探究」（guided inquiry）（吳敏而、黃茂在、趙鏡中、周筱亭，2010）。「臺灣省國民學校教師研習會」板橋模式課程實驗的探究教學強調「教學指引」與「教師手冊」在教學過程中的重要性，並且鼓勵學生和教師進行變革，企圖取代了過去國立編譯館舟山模式以教科書為中心的教學。一位「臺灣省國民學校教師研習會」板橋模式課程實驗工作小組的成員指出（周經媛，1991，1），這種「課程實驗之變革」，是由教科書中心之教學，轉移至具有民主教育精神的探究教學活動：舟山模式的編輯者僅關心教科書的編輯，而沒有時間去編輯教學指引，使得教科書與教學指引沒有辦法同時供應。這種結果使得教材

與教法無法連結，教師在沈重的「包班教學」壓力下，一位教師幾乎要負責教導全班所有的主要科目，實在難以瞭解所有科目的課程編輯者之目標，教師所能做的就是僅能就教科書內容陳述去進行教學。

　　另一位「臺灣省國民學校教師研習會」板橋模式課程實驗工作小組的成員也異口同聲地呼應地指出（受訪者J, 1）：舟山模式乃是由大學教授所編輯的，他們的教科書在缺乏任何實驗下即實施於全國各縣市。這些教科書不僅忽略了教育學的需求與教學實際，更飽受學校教師的批判。因此，教育部決定改變過去這些由國立編譯館統編而不適用的教科書，並要求「臺灣省國民學校教師研習會」去進行新課程的發展與實驗。

二、強調學生學習應來自其經驗和實際活動

　　「臺灣省國民學校教師研習會」會板橋模式國民小學社會科課程實驗研究文獻指出（臺灣省國民學校教師研習會，1987，9），「臺灣省國民學校教師研習會」板橋模式「課程實驗之變革」，強調學生學習應來自其經驗和實際活動，特別是較低年級學生之學習經驗，來自於學生他們自身、家庭及學校。教學的焦點，在於培育學生的生活基本技能而非傳遞事實和知識。因此，「臺灣省國民學校教師研習會」課程實驗的設計觀點，應該植基於幫助學生透過參與活動而進行學習。

　　在「臺灣省國民學校教師研習會」板橋模式探究教學「課程實驗之變革」，也有許多活動是學生他們自己進行的，學生可以自己蒐集資訊。一位「臺灣省國民學校教師研習會」國民小學社會科課程實驗「工作小組」的成員指出（受訪者I, 1）：舉例來說，在「為我們服務的人」單元中，學生必須訪問不同職業的人，並分析訪談的資料，再撰寫成報告，以呈現給其他的同班同學。這種作法能使學生在遭遇問題時，需蒐集資料進而解決問題，並且試著與學生的生活進行統整。

　　就學生的改變而言，包括協助學生學習如何去學習，而不僅僅是獲取學科知識。一位「臺灣省國民學校教師研習會」國民小學社會科課程實驗「工作小組」的成員指出（受訪者I, 5-6）：我們要求學生做決定及運用判

斷力，我們強調求知的方法，而非學科內容。我們希望教師教導學生如何去求知，而非介紹知識，因為有太多的知識，不斷地被發現。

就學生的改變而言，也包括協助學生發展更多的獨立思考，另一位「臺灣省國民學校教師研習會」國民小學社會科課程實驗「工作小組」的成員指出（受訪者A, 13）：假若你使用不同的活動方式，學生將參與更多，而且他們可能學習得更好或更有興趣。它乃是一項民主的歷程，我們學生能有自己的選擇，所以我們樂於聽到他們對於事件的看法，所以我們希望在課堂上有討論的機會，好讓老師們聽聽看他們在想些什麼。

特別是針對國民小學的中年級和高年級，此項社會科「課程實驗之變革」的教學，特別強調「探究教學」（臺灣省國民學校教師研習會，1987，11）。「探究教學」的過程包含下列步驟：引起學生動機呈現概念；釐清概念；定義概念；組織資訊；分析資訊；假設；確認；產生應用；選擇價值和判斷（李緒武、蘇惠憫，1990，178；歐用生，1991，144）。這種教學的改變，包括價值的傳遞與情意態度而非僅是知識教學而已，更在加強創造力思考、問題解決和感覺的培養。這項教學設計的主要焦點，在於「探究教學」與價值分類，以幫助學生去執行認知、情感和心智活動學習，及適應現代社會的生活（臺灣省國民學校教師研習會，1987，9）。

三、強調教師放棄傳統刻板的教學和考試，發展新式教學技巧和評量

在「臺灣省國民學校教師研習會」板橋模式「課程實驗之變革」，教師也有明顯的改變。教師需放棄「四合一」（即一本教科書、一張嘴巴、一支粉筆和一塊黑板）的教學實務，避免教條灌輸，放棄傳統刻板的教學和紙筆測驗的考試，而去發展新式教學技巧和評量，並設計支持學生改變的學習類型。一位「臺灣省國民學校教師研習會」課程實驗工作小組的成員指出，參與課程實驗的教師，必須揚棄傳統的教學方法：過去，教師只需閱讀與教導教科書，但是我們意圖去改變這種教材與教學方法。我

們透過教師手冊上教學活動的設計，介紹教學的改變。因為傳統教師在教學中使用「四合一」的原則（即一本教科書、一張嘴巴、一支粉筆和一塊黑板），而教師在這項探究教學課程實驗中，不可以再使用「四合一」教學。我們相信教材改變是不足夠的，而一項課程創新的成功，有賴於教法與教師思考上的改變。因此，我們需要探究教學及問題解決式教學（受訪者J, 5）。

　　一位前「臺灣省國民學校教師研習會」的主任，評論此項探究教學課程實驗所帶來的課程變革（崔劍奇，1987，2）：為了達到課程目標，這項教學方法強調效能與實用。教學活動的設計，強調學生最直接及合乎目的的經驗。除此之外，為了避免考試支配教學的問題，我們慎重的決定低年級不需使用教科書及紙筆測驗……教材組織的選擇，考慮到學生心理和生理上的發展……教學科目的活動，主要取決於教師的建議，此外要教師可根據學生的需要與地區的不同，酌情增減教學活動。

四、強調教學指引與教師手冊的重要性

　　另一位「臺灣省國民學校教師研習會」板橋模式國小社會科探究教學課程實驗工作小組的成員更進一步指出（受訪者J, 2）：板橋模式中的教科書，乃是植基於教師手冊上的教學活動的設計。板橋模式「課程實驗之變革」，乃是根據教學指引所需要的教學活動，去編輯教科書的文字內容、地圖、圖片與參考資料。因此，板橋模式的教科書僅是供教師參考的資源，並不同於以往舟山模式的傳統教科書。

　　一位「臺灣省國民學校教師研習會」國民小學社會科課程實驗工作小組的成員（周經媛，1990，23），也指出：為什麼板橋模式課程實驗的教科書僅是供教師參考的資源，而且不同於舟山模式的教科書有兩個理由：1. 課程實驗工作小組過去一向習慣於植基於活動設計的課程。對課程實驗工作小組來說，要在很短的時間內，首度改變編輯教科書的模式及設計活動是很困難的。2. 課程實驗工作小組想要進行創新的模式，也就是教學不要只依賴教科書，因為在實驗的過程中，這項創新深受教師歡迎，因此，

課程實驗工作小組被鼓勵去採取這種方法。

除此之外，在「臺灣省國民學校教師研習會」板橋模式課程實驗教師手冊中的內容，和舟山模式教學指引中大量而豐富的知識相較，是相當特別的。一位「臺灣省國民學校教師研習會」國民小學社會科課程實驗工作小組的成員（受訪者J, 2）評論道：板橋模式很強調教師手冊，這和舟山模式中強調傳統教科書，是極為不同的。在板橋模式中，教師手冊是最重要的教學參考，因為它是一個經過周全且細部的設計，以達成課程目標的教學範例。最重要的是：當教師拿到教師手冊，他們可以瞭解課程目標、教學內容、與設計去達成課程目標的教學方法。此外，評量的方法也包含在教師手冊中（受訪者J, 4）。

一位參與探究教學課程實驗的學校教師回應「臺灣省國民學校教師研習會」板橋模式課程實驗的教師手冊之重要性：我參考教師手冊，乃是因為我一向習於使用它附錄中額外的教材，來充實我的教學內容與活動。除此之外，當我沒有其他技巧好使用時，這些教學活動的設計，可以提供我一些參考（受訪者G, 2）。

然而，一位「臺灣省國民學校教師研習會」國民小學社會科課程實驗工作小組的成員指出：我想大部分的教師，比較樂於接受我們教導他們如何去教──我想大部分的教師都想成為更好的教師，因此，他們樂於接受新的課本、新的教法與技巧。但是，他們比較喜歡被告知該做些什麼，而不是光靠著自己在教室中摸索探究（受訪者A, 8）。

這位「臺灣省國民學校教師研習會」國民小學社會科課程實驗工作小組的成員，透露出當時中華民國臺灣地區的大多數學校教師習慣於要求正確的標準答案，特別是大部分的一般教師，只要求自己的教學能更流暢與方便，教師並不關心課程實驗工作小組告訴他們要去做些什麼，教師只要求正確的標準答案，他們只做他們喜歡做的或是比較容易的事，他們並不常主動思考。舉例而言，有些教師比較喜歡教科書而不是教師手冊，也許他們可能只用教科書，便可以在一節課之內教完一個單元，而不是按照教科書編者所規劃的期望他們使用八節課去教一個單元。因此一些教師就會忽略了教師手冊，他們僅教他們喜歡的教科書，並要求學生閱讀教科書的

內容（受訪者A, 7）。

　　這就是爲什麼「臺灣省國民學校教師研習會」希望推動「課程實驗之變革」，並且希望透過探究教學課程實驗進行變革，另一位「臺灣省國民學校教師研習會」國民小學社會科課程實驗工作小組的成員談到他們爲什麼追求變革：我們期盼教師能夠根據教師手冊以進行教學，我們的理想是，不管一位教師是否有接受過社會科研習培訓，他們都能實施社會科教學。當他們拿到社會科課程的教師手冊時，他們應該能夠根據我們的設計，去達成規定目標的教學活動瞭解教學並實施教學。有很多社會科教師並沒有受過社會科訓練，而且甚至有不合格教師在教導社會科……我們發現臺灣的教師有這樣的特色，即教師只教教科書，而且有百分之八十的教師在進入教室前並沒有作好事前的準備。然而我們擔心教師只教教科書，而且我們擔心因爲教師很少接觸新的社會科課本，以致於教師不去教或不知道該如何去教。因此，我們設計教師手冊以控制教師的教學，假如他們根據教師手冊來教學，他們將可以達到規定的目標（受訪者J, 5）。

　　「臺灣省國民學校教師研習會」國民小學社會科探究教學課程實驗工作小組透過充分的細節及周全的教學，來編輯教師手冊，所以即使是再懶惰或粗心的教師，也能夠用「臺灣省國民學校教師研習會」課程實驗工作小組所要求的方式來進行教學，就某種程度而言，這是一種有趣的「防範教師的課程」（teacher-proof curriculum），企圖防止素養不佳的教師誤用「事前規劃的課程」。簡言之，板橋模式「課程實驗之變革」具有下列教學的變革、學習的變革、教師的變革、教科書的變革、教師手冊的變革等等面向的課程變革：

1. **教學的變革**

　　在板橋模式「課程實驗之變革」中，「臺灣省國民學校教師研習會」的國民小學社會科探究教學課程實驗工作小組人員企圖進行教學型態（teaching mode）之改變，這是其課程變革所預期呈現的主要特色之一。換言之，第一個層面的「課程實驗之變革」是，「臺灣省國民學校教師研習會」國民小學社會科課程實驗工作小組企圖進行教學的變革，亦即從教科書中心到新的教學活動，以「探究教學」來代替傳統教師教學中心的說

教主義。以往，在國立編譯館的舟山模式當中，編者往往只注意教科書，忽略了教育的需求和教學實際，而負責教學的教師往往也不知道課程編輯者的目標。在教學的改變中，「臺灣省國民學校教師研習會」的板橋模式探究教學課程實驗，特別強調教師手冊的重要性。

2. 學習的變革

在板橋模式探究教學「課程實驗之變革」中，「臺灣省國民學校教師研習會」的課程實驗工作小組人員企圖進行學習型態之改變，這是其「課程實驗之變革」的主要特色之二。換言之，第二個層面的「課程實驗之變革」，是「臺灣省國民學校教師研習會」課程實驗工作小組企圖進行學習的變革，亦即「臺灣省國民學校教師研習會」的板橋模式探究教學，強調從經驗和實際活動中學習。不是將事實和知識教條化，而是發展更多的獨立思考，似乎類似於國民中小學九年一貫課程改革的「主動探索與研究」之基本能力（吳敏而、黃茂在、趙鏡中、周筱亭，2010），「臺灣省國民學校教師研習會」探究教學課程實驗的焦點，在於透過探索教學和價值澄清，以利學生進行認知、情意和技能的學習，但仍然是偏重在教師的探究教學引導之下的學習，應與十二年國民基本教育強調「A2系統思考與解決問題」所強調的「自主行動」、「核心素養」有著密切關係，但性質上應不同於學生能自主學習，以具備問題理解、思辨分析、推理批判、系統思考，並能行動與反思，以有效管理及解決問題（蔡清田，2014），但性質上還未到達學生完全自主行動與主動學習的程度。

3. 教師的變革

在板橋模式探究教學「課程實驗之變革」中，「臺灣省國民學校教師研習會」的課程實驗工作小組人員企圖進行學校教師觀念之改變，這是其「課程實驗之變革」的主要特色之三。換言之，第三個層面的「課程實驗之變革」，是「臺灣省國民學校教師研習會」探究教學課程實驗工作小組企圖進行教師的變革，亦即「臺灣省國民學校教師研習會」的板橋模式企圖要求教師進行「探究教學」與「民主精神教育」的教師角色而不是教書匠，並且鼓勵教師能進一步放棄傳統、刻板的教學和考試，以發展新式教學和評量。

4. 教科書功能的變革

在板橋模式「課程實驗之變革」中，「臺灣省國民學校教師研習會」的課程實驗工作小組人員，企圖進行教科書功能之改變，這是其「課程實驗之變革」的主要特色之四。換言之，第四個層面的「課程實驗之變革」，是「臺灣省國民學校教師研習會」的課程實驗工作小組企圖進行教科書功能的變革，「臺灣省國民學校教師研習會」的板橋模式之教科書，對教師而言只是「探究教學」與「民主精神教育」的參考資源，是一種「支援的課程」（supported curriculum）之教材資源，與國立編譯館的舟山模式將教科書視同「民族精神教育」的行政命令與政治手冊，顯然不同。

5. 教師手冊的變革

在板橋模式「課程實驗之變革」中，「臺灣省國民學校教師研習會」的課程實驗工作小組人員，企圖進行教師手冊的選擇安排設計或生產製造，這是其「課程實驗之變革」的主要特色之五。換言之，第五個層面的「課程實驗之變革」，是「臺灣省國民學校教師研習會」的課程實驗工作小組企圖進行教師手冊的變革，這也是「支援的課程」（supported curriculum）之教材資源（蔡清田，2008），「臺灣省國民學校教師研習會」的課程實驗工作的教師手冊，和國立編譯館舟山模式中的教學指引不同。一般學校教師只要看到「臺灣省國民學校教師研習會」板橋模式課程實驗的教師手冊，就知道課程目標，也瞭解教學的內容和方法以及評量的方法，這是「臺灣省國民學校教師研習會」的課程實驗工作小組企圖進行的一大「課程實驗之變革」。

第二節　課程實驗之變革的評議

「以國民學習權取代國家教育權，實現以學習者爲中心的教育。」，強調學生才是教育主體，以學生學習爲中心，並透過「課程實驗」改變教師從過去傳授的角色，調整成協助學生自助發展的引導者，實屬重要（教育部電子報，2016.5.21）。「課程實驗」的實施，不只是一種緩進的

「課程改革」（蔡清田，2001），更是一種解決課綱爭議的途徑（Pratt, 1994），因為「課程改革」是複雜的社會政治的過程（歐用生，2011），因此「課程改革」需要依據一套「課程實驗」的機制，才能使「課程改革」的決策具有合理性和正當性（Cornbleth, 2000; Stein, 2004; Symcox, 2002）。特別是以學生學習為中心，促進學生適性發展，必須重視學生個人的差異與學習歷程有所不同，不能再用僵化的標準、統一的進度，套用到每一個學生，而且教師也要從過去傳統的角色，改變成為適性輔導者與協助學生自主學習的引導者，教學方法必有所改變，而且尊重多元也要讓每個學生的特質都有被培養的機會（教育部電子報，2016.5.21）。一方面，值得注意的是，就課程變革而言，「臺灣省國民學校教師研習會」板橋模式的探究教學「課程實驗之變革」中，除一向備受重視之課程學者與學科專家之外，教育行政人員、「臺灣省國民學校教師研習會」的課程實驗研究人員、借調小學教師等，共同組成課程實驗研究團隊。雖然，借調小學教師也參與此課程實驗的「任務團隊」編輯小組，但是實際上是由教育部長指定「臺灣省國民學校教師研習會」進行課程實驗的研究發展，而且教育部指派「課程實驗指導委員會」與「課程實驗研究委員會」來主導課程實驗的研究發展與變革。而且由於「臺灣省國民學校教師研習會」的課程實驗任務小組的借調小學教師成員快速更替，不利於板橋模式探究教學課程實驗教師實務經驗之累積與課程實驗的持續推動。因此，在此課程模式中，小學教師美其名是課程實驗「任務團隊」的小組成員，但是實際上學校教師並沒有實際參與課程實驗的規劃。所以，板橋模式課程實驗是由上而下所推動的課程變革模式。

就「推動改革的代理人」（change agent）而言，教育部所轄的「臺灣省國民學校教師研習會」及其所聘請的「課程實驗指導委員會」、「課程實驗研究委員會委員」、「工作小組」，這些板橋模式課程實驗「推動改革的代理人」具有下列特色：1. 都是由政府官方指派，2. 擁有較高的學術專業地位，3. 位於學校之外，而且地位高於一般學校校長與教師。在「推動改革的代理人」對於課程實驗的規劃與推動，都是經由中央政府官方指派，而且地位高於一般學校教師，是處於上級指導的地位。在板橋模式探

究教學「課程實驗之變革」中，中華民國中央政府的教育部對於國小社會科課程的控制力量強而直接，似乎探究教學課程實驗傾向於直接控制「教師手冊」、「教科書」產品。而且板橋模式課程實驗的「課程實驗指導委員會」、「課程實驗研究委員會」、「工作小組」、「編輯小組」、「任務團隊」等研究發展人員以及一般社會大眾，比較傾向於關心顯而易見的「資源支持的課程」之「教材的變革」。特別是課程實驗的教師手冊、教學指引與學生用的教科書等等物質材料，都是「課程實驗指導委員會」、「課程實驗研究委員會」、「工作小組」、「編輯小組」、「任務團隊」等課程實驗的研究發展人員所設計出來提供給師生進行教與學的材料。另一方面，值得更深入評議分析的是，板橋模式課程實驗之深層結構變革，反映出教材變革與教法變革等之外，更有一種對「國家認同」的不確定感與一種建立「愛國意識」的社會價值深層結構之課程變革，而且板橋模式探究教學課程實驗的課程變革，存在著傳遞「愛國意識」的課程目標與鼓勵批判思考的「探究教學」方法之間的矛盾，作者將加以分段論述如下。

一、課程實驗借調教師快速更替，不利於教師實務經驗之累積與 變革之持續推動

　　誠如本書第二章第二節課程實驗的規劃之評議所指出，「臺灣省國民學校教師研習會」課程實驗人力資源的缺乏，特定經費支援的缺乏，不利於「課程實驗之規劃」，導致課程實驗借調教師快速更替，不利於教師實務經驗之累積與課程實驗之持續推動變革。

　　「臺灣省國民學校教師研習會」國民小學社會科課程實驗「編輯小組」的借調教師成員，是借調來自全國各地的學校，但是被借調教師的學校必須付給被借調教師薪水，而且需要尋找代課教師並另外還要支付代課教師費用。這對被借調教師的學校而言是一種加倍負擔的額外懲罰，因此，「臺灣省國民學校教師研習會」與被借調教師的學校，往往有一個彼此的共識是，教師被借調不可以超過三年。事實上，被借調的學校通常只會同意教師被借調一年。這種情況造成「臺灣省國民學校教師研習會」探

究教學課程實驗工作小組成員的借調教師快速更替，幾乎每一年就有一批新的借調教師。

　　一位「臺灣省國民學校教師研習會」探究教學課程實驗「工作小組」的成員指出：這些被借調至「臺灣省國民學校教師研習會」參與課程發展的教師，在教學上都是十分卓越。然而，對他們來說，要同時關心原來學校教學，又要同時發展臺灣省國民學校教師研習會的實驗課程，是很困難的，而且被借調的學校行政人員與學生家長更不希望這樣。因此，我們在實驗課程發展中，無法長期借調一位有實驗課程發展經驗的教師，而且必須快速的更替這些借調教師，這對課程發展與實驗的品質是不利的（秦葆琦，1989b，35）。

　　就教師的課程實驗歸屬感而言，讓更多不同的借調教師參與實驗課程，也不是一件不好的事，特別是就對於整個課程實驗的推廣歷程而言，或許是很有幫助。但是，從另一方面而言，借調教師也必須要花時間去瞭解如何設計課程實驗教材與教法。當他們對整個實驗課程發展開始熟悉時，也將近被借調一年的尾聲。教師無法將設計課程實驗教材與教法的實務經驗持續下去，這種情況造成課程發展與實驗效能品質的降低。

　　一位「臺灣省國民學校教師研習會」參與課程實驗教材與教法設計的借調教師同意道：一年的借調時間實在太短。在經過第一學期的探索之後，借調教師開始瞭解如何去設計教學活動和教材，到了第二學期，借調教師更加熟悉如何去編輯教材，但是此時已經接近借調一年的尾聲。借調教師很少有機會去參與被借調那一年所設計的教材教法之實驗。換句話說，借調教師參加的教材教法課程實驗，是由一年前的其他借調教師所設計的，而且下一年的借調教師將使用與修訂今年所設計的課程實驗教材教法。明年借調教師將修訂今年借調教師設計的教材教法，但是明年借調教師並不熟悉今年借調教師為什麼及如何設計今年的教材教法（呂若瑜，1994，157）。

　　讓更多不同的借調教師參與「臺灣省國民學校教師研習會」課程實驗，就課程實驗的推廣而言，也不是一件不好的事，而且讓別的課程實驗教師團隊，去考驗測試另一個實驗教師團對所設計的教材教法，也似乎是

一個不錯的課程實驗變革。這也有必要在課程實驗過程中，不斷討論溝通以取得共識。然而，「臺灣省國民學校教師研習會」課程實驗的確遭遇溝通的難題，「臺灣省國民學校教師研習會」，很難向沒有參與課程實驗者說清楚講明白，沒有參與課程實驗者，也很難瞭解這個課程實驗。

前任「臺灣省國民學校教師研習會」主任（崔劍奇，1987，2）感慨地說明道：我們在課程設計與實驗過程，確實徹底地進行討論與溝通，並和許多的參與者達成共識。然而，當我們到現場面對學校教育現場教學的實際時，開始遭遇到問題。對我們而言，要將這套實驗課程解釋給未參與課程實驗的人，是十分困難的。沒有參加這個課程實驗的人，感到十分的困惑。

這當然是屬於由中央到邊陲的課程實驗之推廣的主要問題核心，也是有必要透過另一種變通策略，以進行課程實驗之推廣的好理由。在「臺灣省國民學校教師研習會」板橋模式課程實驗的中央核心，仍然有一個經過刻意選擇的特定核心團隊如「課程實驗指導委員會」、「課程實驗研究委員會」、「工作小組」、「編輯小組」，這是一種由中央到邊陲的課程實驗之推廣，除了處於邊陲的地方學校教師有機會去參加課程實驗之外，身處邊陲地方學校的實驗教師所獲得的支援是十分有限的。正如同一位「臺灣省國民學校教師研習會」課程實驗工作小組成員指出：我們希望在每一個實驗學校都有一個支援團體，好幫助實驗教師和其他教師討論從課程實驗中浮現出來的問題，並且幫助這些其他教師瞭解與支持這項課程實驗。然而，僅有一、二所實驗學校有這樣的支援團體。這反映了一個現實，那就是實驗學校內部的所獲得支援是非常有限的（受訪者J, 2）。

除此之外，「探究教學」係借自西方世界的現代美國社會文化價值之「民主精神教育」理念，要進入東方世界的傳統中國社會文化價值深層結構之中華民國臺灣國民小學，便有文化價值移植的問題。有些學校教師一向慣常使用東方傳統方式由上而下的「民族精神教育」課程目標導向傳遞教學，而且發現「探究教學」的本質，與教師的個人教學特質有所衝突。一位「臺灣省國民學校教師研習會」社會科課程實驗「工作小組」的成員指出：我們根據教學目標設計教學活動，但是教學設計很難適用於每

位教師的個別性。有一些教師覺得非常好，有一些教師覺得這樣限制了他們的教學（受訪者J, 5）。例如，一位參與課程實驗的教師，便進一步解釋道：教師是否能適應板橋模式所帶來的變革，端賴教師的特質。對於像我這樣嚴肅的教師，是很困難的，我在教學中是相當嚴肅的，而且常常有被學生干擾的傾向。在課程實驗當中，有時候，我實在無法使用新的教學法，因為對我而言，在前一分鐘喋喋不休的責罵學生，然後為了鼓勵他們加入下一分鐘的討論，又要對他們微笑，這對我來說是非常奇怪的（受訪者I, 1）。

　　由上可見，板橋模式課程實驗的「探究教學」係借自西方世界的現代美國社會文化之「民主精神教育」理念，除了與東方世界的傳統中國社會文化價值臺灣國小教師個人教學特質有所衝突之外，甚至，板橋模式的課程變革深層結構，反映一種對「國家認同」的不確定感與一種建立強烈關注愛國意識的社會文化價值之深層結構課程變革，而且板橋模式「課程實驗之變革」，存在著傳遞愛國意識的目標與鼓勵批判思考的探究教學方法之間的矛盾，以下進一步說明。

二、反映一種對國家認同的不確定感與一種建立強烈關注愛國主義意識型態的社會文化價值之深層結構課程變革

　　就「課程實驗之變革」的表象而言，「臺灣省國民學校教師研習會」板橋模式課程實驗具有「教學的變革」、「學習的變革」、「教師的變革」、「教科書的變革」、「教師手冊的變革」等等面向的「課程實驗之變革」。這些「課程實驗之變革」具有支援課程「技術途徑」（technical approach）的「教材資源變革」、社會科學「文化途徑」（cultural approach）的「教學方法變革」、中華民國觀點「政治途徑」（political approach）的「社會價值變革」等深層意涵。

　　歸納言之，就「課程實驗之變革」本質而言，在「臺灣省國民學校教師研習會」板橋模式課程實驗中有三種深層結構的變革本質。第一個深層結構的變革本質與社會文化價值有關，亦即中華民國的「國家認同」及

「民族精神教育」與「民主精神教育」的意識型態深層結構。第二個深層結構的變革本質在於教材方面，亦即板橋模式課程實驗的「教師手冊」。第三個深層結構的變革本質在於教育上的方法，亦即板橋模式課程實驗的「探究教學」。

就社會價值的課程變革方面而言，「臺灣省國民學校教師研習會」板橋模式課程實驗，企圖延續中華民族的東方傳統社會文化價值，但在求政治上生存之上，仍反映出對於反對共產主義的中華民國國家社會價值與追求西方世界民主教育的旨趣，這對處於中國共產黨之外在侵略威脅之下的中華民國臺灣，具有重要的意義。這是一種具有中華民國觀點「政治途徑」（political approach）的「社會價值」之深層結構課程變革，這種意識型態深層結構係偽裝在課程語言之中（Munro, 1998），例如，板橋模式課程實驗的教育目標在於「培養活活潑潑的好學生與堂堂正正的愛國國民」。這種課程實驗模式仍反映出對於「國家認同」的不確定感，因此建立愛國意識的社會價值為第一要務，對個人的關切視為次要任務。「國家認同」被認為是一種廣泛滲透的意識型態（pervasive ideology）（Smith, 1991），此時期的臺灣社會，「中國化」與「臺灣化」（或「中國意識」與「臺灣意識」），代表的即是兩種不同的「國家認同」／「文化認同」意識型態，認為此爭議基本上反映的是由「中國本位」與「臺灣本位」激發的兩種國家的想像（national imaginations）。板橋模式課程實驗的變革，反映了此時期的臺灣社會，一種對「中國本位」與「臺灣本位」兩種不同的「國家認同」／「文化認同」意識型態的不確定感，與一種建立國家價值與強烈關注愛國意識的社會價值。

「臺灣省國民學校教師研習會」板橋模式的課程變革，採用教育部官方指定「民族精神教育」目標導向的課程變革，強調東方世界的傳統中國社會文化之「民族精神教育」的課程目標導向之重要性，透過「傳統中國社會文化途徑」由上而下的層級組織進行課程變革。這也看出中華民國臺灣的國民小學社會科課程，反應臺灣在過去多年來的政治、社會與教育上之變革。換言之，板橋模式課程實驗的推動者，在政治社會與教育文化上，不願捨棄中華民國的東方傳統社會文化價值，但是卻鼓勵實驗教師個

人，透過「探究教學」以引導學生進行探究學習西方世界的「民主精神教育」，去改進東方傳統社會文化的缺點，但是仍然以傳統的「民族精神教育」方式進行課程實驗，蘊含著中華民國觀點「政治途徑」的「社會價值」之課程變革。

特別是就官方課程的分析而言（Apple, 1993），板橋模式的課程目標為教育部所指定的「培養活活潑潑的好學生與堂堂正正的愛國國民」，流露出當時中華民國臺灣的政治社會情境脈絡下，最重要的是社會安全、國民生存與「國家認同」，而關心個人需求則是次要的。板橋模式課程實驗的變革，反映了一種對「國家認同」／「文化認同」的不確定感與一種建立國家價值與強烈關注愛國意識的社會文化價值。

就教學材料的課程變革本質而言，當政府的控制力量愈強，則政府愈想控制教材；深究其原因，或許是政府不僅關注教科書的外在表面象徵意義的變革，而且也重視實質內容的變革，企圖透過支援課程「技術途徑」（technical approach）的「教材資源變革」，達成深層結構的課程變革。特別是透過國家義務教育，教科書彷彿如同Benedict Anderson（1983, 44）所說的透過「書面語言」（print-languages）可以將主觀的「民族精神」賦予典型形象。板橋模式「課程實驗之變革」的教學活動是以教師手冊為主要依據，但仍重視「民族精神教育」圖騰的教科書內容，其意圖主要是為了達到社會控制和維持社會穩定的目的。可見在教科書的課程內容取捨方面，如何反映時代環境變遷，排除過時不當的教材，以容納新的內容？如何合理考量內容的範圍、難度、份量及順序性、統整性？均有其特定的課程變革意義。更進一步地，這也呼應了臺灣在社會民主化的過程中，社會科教科書成為許多學者研究「國家認同」變化的文本，而且有關國家認同的教科書研究指出，臺灣在社會民主化的過程中，教科書所傳遞的內容，由「中國意識」，轉變為「臺灣意識」（宋銘桓，2004；陳敏華，2008），臺灣的主體意識逐漸被強化（趙志龍，2008）。特別是臺灣的社會科教科書，實際上是反應了臺灣社會民主化過程中，意識型態與「國家認同」的爭議（王前龍，2001；王甫昌，2001），教科書在臺灣是重要的政治社會化工具（李文政，1999；施正鋒，2003）；教科書的爭議反應

的是外在政治環境中，主張不同意識型態之群體間的互動關係（王前龍，
2000）。

　　就教學方法的課程變革本質方面之深層結構而言，「臺灣省國民學校
教師研習會」的板橋模式（如圖3.3）彰顯了本書第一章第一節的圖1.3「中
國本位」與「臺灣本位」的意識型態之爭，混合了西方世界美國現代社會
價值「民主精神教育」的「探究教學」和中華民國「民族精神教育」的傳
統社會文化價值。板橋模式的課程實驗，企圖結合中國傳統社會文化價值
「民族精神教育」與美國現代社會文化價值「民主精神教育」的課程變革。
「臺灣省國民學校教師研習會」板橋模式的課程變革，採用教育部官方指
定「民族精神教育」目標導向的課程變革，強調東方世界的傳統中國社會
文化價值之「民族精神教育」的課程目標導向之重要性，透過「傳統中國
社會文化途徑」由上而下的層級組織進行課程變革，同時引用西方世界的
現代美國社會文化學者葛羅曼課程方案設計模式進行課程變革，並引用西
方世界的現代美國心理學學者畢夏普之「探究教學」進行課程變革，課程
實驗企圖混合了東方世界的傳統中國社會文化價值之「民族精神教育」
與西方世界的現代美國社會文化價值之「民主精神教育」的課程變革。

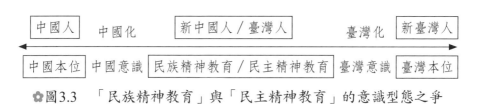

❀圖3.3　「民族精神教育」與「民主精神教育」的意識型態之爭

　　「臺灣省國民學校教師研習會」板橋模式「課程實驗之變革」，不
僅遺留著東方世界的傳統中國社會文化價值之舟山模式「民族精神教育」
之影響，且亦受到西方世界的現代美國社會文化價值之「探究教學」的影
響。換言之，「臺灣省國民學校教師研習會」板橋模式的「課程實驗之變
革」，乃是一種企圖混合了東方世界的傳統中國社會文化價值之「民族精
神教育」與西方世界的現代美國社會文化價值之「民主精神教育」的混合
物，這是融合1949年後隨著中華民國政府播遷來臺傳遞東方世界的傳統中

國社會文化價值之「民族精神教育」意識型態深層結構之政治文化遺產，與引自美國心理學者畢夏普的探究教學之「民主精神教育」意識型態深層結構，試圖透過民主與多元的教育環境之課程實驗教師進行探究教學，培養臺灣地區學生的探究學習方式與民主思考方式，透過傾向西方世界的現代美國社會文化價值，以抗拒東方暴龍的中國共產主義意識型態之威脅。中華民國的教育如同精神國防，變成了對抗共產主義的一場戰爭，課程改革也成為了「新中國／臺灣」與「中國大陸共產黨」的一種教育象徵符號戰場（Paqette, 1991）。

　　特別是板橋模式「課程實驗之變革」在社會科強調「探究教學」的方法，且豐富學生的社會學習經驗和幫助學生對社會的瞭解，強調從經驗中學習和實際的行動，如：蒐集資料、參觀、實作、角色扮演和問題解決等。這代表其學習的焦點不在學習內容，而在「學習如何學習」（learn how to learn），這與社會科學的方法較接近，這是一種代表社會科學「文化途徑」（cultural approach）的「教學方法」之深層結構課程變革。就其「課程實驗之變革」的社會文化價值而言，這是臺灣逐漸脫離東方世界的傳統中國社會文化價值之鐵幕籠罩的陰影，而且逐漸傾向往西方世界的現代美國社會文化價值之「民主主義」意識型態深層結構靠攏，而逐漸西化的一大步，而似乎逐漸擺脫東方巨龍的傳統中華文化「民族精神教育」陰影籠罩之「去中國化」過程。這是自1949年中華民國政府遷臺以來的一大明顯課程變革。然而，在「臺灣省國民學校教師研習會」板橋模式探究教學課程實驗中，仍避免不了「中華民國」國家價值和政治社會文化價值的傳遞。因此，對學生傳遞「愛國主義」意識型態深層結構的「民族精神教育」課程目標和鼓勵學生學習具有批判思考、價值澄清和對「愛國主義」的質疑之「探究教學」方法，是互有衝突的。

三、課程變革存在著傳遞愛國主義意識型態深層結構的「民族精神教育」課程目標與鼓勵批判思考的「探究教學」方法之間的矛盾

　　「臺灣省國民學校教師研習會」板橋模式「課程實驗之變革」的「探究教學」係借自西方世界的現代美國社會文化價值之「民主精神教育」理念，要進入東方世界的傳統中國社會文化之「民族精神教育」意識型態深層結構籠罩下的國民小學，便有教育文化移植上的問題。有些學校教師一向慣常使用東方傳統方式由上而下的教學，而且發現「探究教學」活動中的課程變革本質，與教師的個人教學特質有所衝突。甚至，「臺灣省國民學校教師研習會」板橋模式的課程變革深層結構，存在著傳遞愛國主義意識型態深層結構的「民族精神教育」課程目標與鼓勵批判思考的「探究教學」之間的矛盾。

　　因為在臺灣一直就存在著一種向中國大陸傾斜靠攏或傾向西方世界的美國現代社會文化「民主教育」之間的緊張關係。臺灣同時存在於東方世界的傳統中國社會文化與西方世界的現代美國社會文化這兩種「文化霸權」之間，並且同時參照使用東方與西方這兩種「文化霸權」的社會文化教育資源。這就是為什麼在臺灣國民小學社會科課程中存在著一股緊張對抗的氣氛，這種緊張對抗氣氛反映了臺灣政治系統之下，東方世界的傳統中國社會文化價值之「民族精神教育」與西方世界的現代美國社會文化價值之「民主精神教育」的課程變革之文化選擇的雙軌文化參照關係。這種文化融合（cultural hybridity），顯現出臺灣社會科課程歷史演進的差異整合之焦慮不安與缺乏幸福的不適歷程，如同被殖民者產生文化認同危機的焦慮不安（McCarthy, 1998）。

　　特別是「臺灣省國民學校教師研習會」板橋模式「課程實驗之變革」的深層結構，是一種具有引導「探究教學」的變革與傳遞「愛國主義」意識型態「民族精神教育」課程目標的深層結構變革之混合物。板橋模式課程實驗的變革，結合中國傳統文化「民族精神教育」與美國「民主精神教育」的深層結構混合物，其所強調的「民主精神教育」之「探究教學」，

來自經驗和實際活動，例如，資料蒐集、參觀、練習、表達呈現報告、和角色扮演、訪問、解決問題。希望能在民主多元的學習環境下，培養學生較具創意、較敢批判的獨立思考能力。這意味著「學習」的焦點不只在學習內容，還要學習如何去學習，很接近西方世界所謂的社會科學之「探究教學」。然而，在「臺灣省國民學校教師研習會」板橋模式「課程實驗之變革」中，仍有國家價值的政治重要性，板橋模式課程實驗的變革本質，存在著一種傳遞愛國主義意識型態深層結構的「民族精神教育」課程目標與「民主精神教育」鼓勵學生批判思考、價值澄清與質疑「愛國主義」意識型態的「探究教學」之間的相互矛盾。

　　上述這些愛國主義的課程目標與「民族精神教育」及「民主精神教育」之間的矛盾與衝突也都呼應了本書第二章第二節課程實驗之變革評議指出，臺灣藉由實施「民族精神教育」極力倡導復興中華文化，而與傳統中國文化密不可分，但臺灣社會現實生活卻飽受東方巨龍的中國大陸政治經濟軍事威脅，而美國因為距離之故往往「遠水救不了近火」，臺灣處在兩大軍事強權與文化霸權的影響之下，必須在夾縫中求生存發展，臺灣政府也必須千方百計用盡各種可能方法透過學校教育課程改革加以因應，而形成特定時代「神祕」難以捉摸且「矛盾」複雜多變的雙重特質學校課程。如同本書第一章所指出的：「苟日新，日日新，又日新……周雖舊邦，其命維新，是故君子無所不用其極」，展現出一種並非西方世界所能理解的「國家認同」模式課程發展（蔡清田，2016；Smith, 1993），作者將在本書下一章「課程實驗之發展」，進一步加以描述分析與評議其課程實驗之發展歷程。

第四章　課程實驗之發展

　　《十二年國民基本教育課程綱要總綱》的實施要點明確指出，就課程實驗與創新而言，各教育主管機關應提供學校本位課程發展與實施的資源，鼓勵教師進行課程與教材教法的實驗及創新，並分享課程實踐的成果，各該主管機關宜分析課程研發與實驗成果，以回饋課程綱要之研修（教育部，2014，32）。但是，長久以來，臺灣中小學「課程綱要」與解嚴前的「課程標準」之研究規劃，一直缺少課程實驗發展的概念（蔡清田，2016），這也是前述高中課綱微調引發爭議的原因之一。因此，過去「臺灣省國民學校教師研習會」所謂「板橋模式」的課程發展，雖然較強調教材教法層面的實驗試用（歐用生，2010），前瞻未來可將此種透過教材教法的實驗試用、反思回饋、到修正不斷循環的歷程與「累進原則」精神，運用擴展到國家層面的課程綱要規劃上（國家教育研究院，2014a）。是以，本章旨在針對「臺灣省國民學校教師研習會」此一板橋模式的「探究教學」課程實驗之發展加以論述（蔡清田，2004a；2004b），評析並前瞻其未來可應用於課程綱要之研究發展參考（蔡清田，2016）。

　　「臺灣省國民學校教師研習會」板橋模式「探究教學」課程實驗經過研究規劃之後，「課程實驗研究委員會」、「工作小組」、「編輯小組」等研究發展人員（蔡清田，2008），就有必要進一步將其「探究教學」理念之「理念建議的課程」（ideal curriculum）（Glatthorn, 2000）與「民族精神教育」的課程目標等「正式規劃的課程」（planned curriculum）（蔡清田，2014），轉化為一般社會大眾所「知覺的課程」（perceived curriculum），以及一種「教導運作的課程」（operational curriculum），以提供學校教師作為進行教學依據與學生學習經驗（learning experience）之「經驗的課程」（experiential curriculum）（Goodlad, 1979），這個轉化歷程往往被稱為「課程實驗之發展」（development of curriculum experiment）或簡稱「課程發展」（curriculum development）（蔡清田，2016）。事實上，所謂「課程實驗之發展」，是指課程經由發展而轉趨成熟的轉化歷程與結果，強調演進、生長的課程轉化之觀念與歷程（黃光雄、蔡清田，2015；黃政傑，1991）；換言之，「課程實驗之發展」是

將「教育理念」、「課程目標」等等，轉化爲一般社會大衆所「知覺的課程」，與一種「教導運作的課程」，以提供學校師生進行教學依據與學生學習經驗之「經驗的課程」，強調實際課程行動與發展演進，以彰顯課程並非只是純粹思辨的理念而已，而是可以進一步具體付諸課程行動的歷程與結果（蔡清田，2015）。

　　本書第二章曾經指出「臺灣省國民學校教師研習會」板橋模式「探究教學」課程實驗是採取「民族精神教育」的課程目標導向由上而下的課程規劃途徑，以推動本書第三章所描述分析所欲達成之「教材的變革」、「教師的變革」、「學習的變革」和「教學的變革」等一連串課程實驗之變革？此種「課程實驗之發展」歷程涉及哪些身分之人員？是否包括涉及「課程實驗研究委員會」、課程實驗的「工作小組」、「編輯小組」核心成員以及在學校進行課程實驗與教材教法試用的學校教師？此種「課程實驗之發展」歷程，是否涉及了「課程實驗研究委員會」、課程實驗的「工作小組」、「編輯小組」核心成員與處於教育系統邊陲地位的學校教師之間的交互作用？特別是課程實驗的變革創新往往來自邊陲，因爲邊陲不受主流社會束縛，反而有更多發展機會，究竟學科專家以及學校教師在此種課程實驗發展的交互作用歷程當中，分別扮演何種角色？這些都是值得關注的課程實驗的發展之問題，也是本章探究重點。

　　「臺灣省國民學校教師研習會」出版了如圖4.1國民小學社會科課程之探討與分析等課程文件（秦葆琦，1994a），指出板橋模式課程發展工作簡介、實驗課特色、社會科教材教法、教學活動設計等等，然而，就「臺灣省國民學校教師研習會」板橋模式「探究教學」、「課程實驗之發展」的歷程而言，「臺灣省國民學校教師研習會」的「課程實驗研究委員會」，最初並沒有形成一致共識的課程大綱與教學進度表，其「課程實驗之發展」的歷程，主要經由「臺灣省國民學校教師研習會」透過各地方縣市政府推薦國小教師參與課程實驗的研習，並從參與課程實驗研習的受訓教師當中進行挑選，並借調其到「臺灣省國民學校教師研習會」成爲「編輯小組」，加入「工作小組」組成課程實驗「任務團隊」，以發展形成課程實驗之教材與教學活動的草稿，而這些草稿先經過學校教師的試驗教學。

✿圖4.1 國民小學社會科課程之探討與分析

　　後來，課程實驗的「工作小組」也將這些由教師設計的實驗教學活動單元，轉型成爲教師手冊的教學指引及學生的習作手冊，最後，由課程實驗的任務團隊提報了一份課程大綱與教學進度表給「課程實驗研究委員會」，並根據「課程實驗研究委員會」的審核來修訂實驗課程。另一方面，就板橋模式課程實驗的發展歷程之評議而言，板橋模式透過「課程實驗之發展」，開發教材原型與教學活動的草稿，更進一步地探究「課程實驗之發展」歷程，教師具有研發教材原型的設計能力，已經具備「教師即研究者」的雛型，但是，由於實驗教師在實驗學校單兵作戰單打獨鬥，不利於課程發展的歷程，課程發展的歷程中，有創新之名，卻沒有帶來實質的變革；可見「課程實驗之發展」的歷程，需研發策略確保教師合作，營造成功課程變革。本書作者將會在這一章詳細描述說明分析板橋模式「課程實驗之發展」的歷程，包括第一節課程實驗之發展的歷程，第二節課程實驗之發展的評議。

第一節　課程實驗之發展的歷程

　　就「臺灣省國民學校教師研習會」板橋模式「探究教學」「課程實驗之發展」的歷程而言，「臺灣省國民學校教師研習會」的「課程實驗研究委員會」，最初並沒有形成一致共識的課程大綱與教學進度表，其「課程實驗之發展」的歷程，主要經由「臺灣省國民學校教師研習會」透過全國各地方縣市政府推薦其優良的國民小學社會科教師參與板橋教師研習會課程實驗為期兩週之研習活動，並從參與課程實驗研習的受訓教師當中進行挑選，並將其借調一年到「臺灣省國民學校教師研習會」成為「編輯小組」，加入「工作小組」組成課程實驗「任務團隊」，以發展形成課程實驗之教材與教學活動的草稿，而這些草稿雖然也經過板橋地區附近學校教師的試驗教學，但在課程實驗期間也產出不少爭議，例如，包括在「探究教學」課程大綱與教學進度表方面的爭議：「臺灣省國民學校教師研習會」的課程實驗任務團隊在一開始就應該形成一份從一年級到六年級的課程大綱與教學進度表，然後實施實驗教學嗎？或者是應該採取行動研究的方法來實施實驗教學，也就是發展教材和教法之後再進行修正，並在最後才完成整份進度表？第二個爭議是在教科書方面的爭議：社會科教學的重點在於教科書或是教學活動？假如教科書是有需要的，那麼教科書的格式應該是什麼呢？

　　其次是有關「探究教學」實驗課程的試辦學校選擇原則，特別是離臺灣省國民學校教師研習會所在板橋地區的臨近學校，以利於「課程實驗工作小組」和「課程實驗研究委員會」進行課程實驗教學指導，或該校至少有一位教師或主任曾經參與「臺灣省國民學校教師研習會」課程實驗試教教材的編撰，以利於實施課程實驗的教學，另外課程實驗的工作小組也將這些由教師設計的教學活動單元，經過臺灣省國民學校教師研習會課程實驗的任務團隊與工作小組之修訂，並進一步轉型成為教師手冊的教學指引及學生的習作手冊，最後由課程實驗的任務團隊提報了一份課程大綱與教

學進度表給「課程實驗研究委員會」，並根據課程實驗研究委員會議的審核來修訂實驗課程。

一、課程實驗研究委員會最初並沒有形成一致共識的課程大綱與教學進度表

從1979年10月22日「臺灣省國民學校教師研習會」的「課程實驗研究委員會」第一次會議起至1980年第七次會議止，課程實驗研究委員會建立起若干課程發展的原則，如：「教材需聚焦於真實生活問題上」（臺灣省國民學校教師研習會，1980.3.28），似乎企圖進行本書第三章「課程實驗之變革」描述分析所指出的支援課程「技術途徑」之「教材資源變革」。

然而，有趣的是，一開始「臺灣省國民學校教師研習會」的「課程實驗研究委員會」，並沒有形成一致共識的課程大綱與教學進度表。一直到了「臺灣省國民學校教師研習會」第七次課程實驗研究委員會議才決定，將研擬社會科實驗課程的「課程大綱」與「教學進度表」之責任，授權給借調的國民小學教師去研擬社會科實驗課程的「課程大綱」與「教學進度表」，而「課程實驗研究委員會」則負責指導與支持協助的責任（臺灣省國民學校教師研習委員會，1980.8.14）。

二、經由教師參與課程實驗之研習，發展課程實驗之教材原型與教學活動的草稿

「臺灣省國民學校教師研習會」課程實驗「任務團隊」的課程設計者，包括了臺灣省國民學校教師研習會「工作小組」的研究人員，以及借調具有國民小學社會科教學實務經驗教師的「編輯小組」。根據一位「臺灣省國民學校教師研習會」課程實驗工作小組的成員表示：1980年的時候，挑選了12位國民小學教師進入臺灣省國民學校教師研習會，接受開學前為期兩週的課程實驗研習，以發展實驗課程大綱與教學進度表（周經

媛，1991，17）。這是經由教師參與課程實驗之研習，發展形成課程實驗之教材原型與教學活動的草稿，教師具有研發教材原型的設計能力，已經具備「教師即設計者」與「教師即研究者」的課程行動研究雛型（蔡清田，2016）。

三、從受訓教師借調為「編輯小組」，加入「工作小組」組成「任務團隊」發展課程大綱與進學進度表

這些國民小學社會科教師歷經了「臺灣省國民學校教師研習會」兩週的「探究教學」之單元教學活動與教材設計的「課程實驗」研習之後，就回到其原先任職的學校。1981年，上述12位教師其中的五位教師，被借調至「臺灣省國民學校教師研習會」成為「編輯小組」，加入課程實驗「工作小組」以組成課程實驗的「任務團隊」，以規劃課程大綱與進學進度表。這些課程大綱與教學進度表的草稿，後來進一步發展成為一份教材大綱與包含不同單元的教學目標、教學程序與下一階段實驗教學評鑑的教師手冊。

四、在課程大綱與教學進度表方面的爭議

1981年8月22日，當「臺灣省國民學校教師研習會」課程實驗「任務團隊」提出一份國民小學一年級的「教師手冊」初稿，讓「課程實驗研究委員會」進行審議時，就開啓了教科書及課程大綱與教學進度表的議題討論。一位「工作小組」的成員指出，一方面在課程大綱與教學進度表方面，任務團隊在一開始就應該形成一份從一年級到六年級的課程大綱與教學進度表，然後實施實驗教學嗎？或者是他們應該採取行動研究的方法來實施實驗教學，也就是當他們發展教材和教法之後再進行修正，並在最後才完成整份進度表？另一方面在教科書方面，社會科教學的重點在於教科書或是活動？假如教科書是有需要的，那麼教科書的格式應該是什麼呢？（周經媛，1991，20）

在1981年8月22日「臺灣省國民學校教師研習會」的「課程實驗研究委員會」會議中，有許多爭辯的不同聲音出現。有些人堅持「教科書」的重要性，並強調規劃一份完整六個年級的社會科課程大綱與教學進度表的優先性。「課程實驗研究委員會」，在此並未針對這些議題做成決定（臺灣省國民學校教師研習會，1981.8.22）。雖然這些爭議未能獲得立即解決，然而隨著新的一學期的開始，這些參與研習的國小教師在1981年9月都回到自己的學校，進行沒有教科書而以教學活動為主的課程實驗試教。

五、教科書方面的爭議

「臺灣省國民學校教師研習會」社會科探究教學的課程實驗重點在於教科書或是教學活動？假如教科書是有需要的，那麼教科書的格式應該是什麼呢？經由「臺灣省國民學校教師研習會」、「課程實驗研究委員會」委員進行實驗學校參觀訪問，發現沒有教科書而以活動為主的教學，相當活潑而且具彈性（周經媛，1991，20）。除此之外，一位臺灣省國民學校教師研習會「工作小組」的成員，進行新課程的試驗教學研究調查發現，此項試驗教學深受實驗學校教師與學生的歡迎（秦葆琦，1983）。但是，有一些「課程實驗研究委員會」的成員，對於沒有教科書的教學，卻能達成課程目標，表示懷疑。他們認為這項實驗教學的成功，可能歸功於教師而非模式本身。

六、課程大綱與教學進度表的爭議，再度浮上檯面

1983年8月30日，「課程大綱」與「教學進度表」的爭議，再度浮上檯面。臺灣省國民學校教師研習會「課程實驗研究委員會」要求「任務團隊」規劃出課程大綱與教學進度表，並決定低年級的實驗教學要再試教一次，而且要更進一步的討論中、高年級教科書的詳細內容。「任務團隊」，一方面努力奮鬥於完成一份包括一套課程目標與一系列單元名稱的「課程大綱」與「教學進度表」，以便爭取「課程實驗研究委員會」委員

的認可：另一方面，同時還要運用未經課程實驗研究委員會委員認可的臨時暫行「課程大綱」與「教學進度表」，以繼續來進行實驗教學（臺灣省國民學校教師研習會，1987，94）。試教的工作就這樣持續進行由1981年9月到1984年6月等共三年（臺灣省國民學校教師研習會，1987，11）。第一年在國民小學一年級進行試教，第二年在國民小學二年級進行試教，第三年在國民小學一、二年級進行試教，第三年的試教是基於第一、二年實驗教材教學後，經由課程實驗研究委員會和任務團隊的教學觀摩和學校師生的回饋而改進的版本，進行試教。

七、試教學校的選擇

　　「臺灣省國民學校教師研習會」選擇的「試教學校」是基於以下兩個原則：第一個原則是考慮地點：特別是離「臺灣省國民學校教師研習會」所板橋地區不遠的學校，以利於課程實驗工作小組和課程實驗研究委員會進行教學指導。第二個原則是該校至少有一位教師或主任曾經參與臺灣省國民學校教師研習會試教教材的設計，以利於實施課程實驗的教學（臺灣省國民學校教師研習會，1987，12）。

　　一位臺灣省國民學校教師研習會課程實驗「工作小組」的成員解釋說：在試教階段，試教的教師必須參與臺灣省國民學校教師研習會有關課程實驗試教工作的研習，在課程實驗研究委員會委員的協助下，進行四個星期的教材和教學活動設計。這些借調的學校教師發展出教師手冊、學生手冊與教科書的初稿。同時，這些借調的學校教師將初稿帶回他們學校或是鄰近學校試行教學，並探究教學過程的問題，並且植基於試驗教學的經驗，進行初稿內容的修正（受訪者J, 1）。

八、工作小組將這些教學活動的單元，轉型成為教師手冊的教學指引及學生的習作手冊

　　另一位「臺灣省國民學校教師研習會」課程實驗「工作小組」的成

員回應道：藉著經過「課程實驗研究委員會」討論，但是並非做成決定的「課程大綱」與「教學進度表」草稿，參與試驗的教師們，進一步分析單元課程目標，並擬訂教學大綱與設計教學活動。在這些教師們回到學校進行試驗教學之後，工作小組接手這些教師所留下來的教學活動設計，工作小組將這些教學活動的單元，轉型成為教師手冊的教學指引及學生的習作手冊（周經媛，1990，24）。

在第一年有7所國民小學加入試驗教學，這些實驗教學乃是針對一年級而設計的8個教學單元，而實驗教師每學期必須有2個星期要到「臺灣省國民學校教師研習會」參加課程實驗的研習。到了第二年，在同樣的實驗學校，教師要進行二年級6個單元的教學，而且教師也是每學期有2個星期要參加「臺灣省國民學校教師研習會」所舉辦的課程實驗研習。到了第三年，一方面重複在一二年級進行的試驗教學，另一方面，實驗學校則從7個擴大增加到10個，參與試驗教學的教師們同樣也要參加「臺灣省國民學校教師研習會」的課程實驗研習。整個教材修訂的依據，是來自於「課程實驗研究委員會」的委員與「工作小組」進行的教學觀摩，以及試教學校教師與學生的回饋，而一年級的教材也由8個單元縮減為6個單元（臺灣省國民學校教師研習會，1987，96）。

九、任務團隊提報了一份課程大綱與教學進度表給課程實驗研究委員會

1984年1月24日，「臺灣省國民學校教師研習會」的課程實驗「任務團隊」再次提報了一份「課程大綱」與「教學進度表」給「課程實驗研究委員會」，而且所有的課程都獲得「課程實驗研究委員會」的審核認可通過，「課程實驗研究委員會」並決定要依循編輯一、二年教材的歷程，亦即經由試驗編輯、試驗教學與修訂，來發展三年級的教材，並擴大這項「課程實驗」（臺灣省國民學校教師研習會，1984.2.24）。

「臺灣省國民學校教師研習會」的「任務團隊」，開始依據「課程實驗研究委員會」所認可的課程目標及單元名稱的清單，進行更細部的教學

活動設計，同時經過「課程實驗研究委員會」的審核通過之後，也開始進行推廣（臺灣省國民學校教師研習會，1987b，9）。一位借調的國小教師描述「臺灣省國民學校教師研習會」課程實驗「任務團隊」採取的下列歷程（受訪者H, 1）：

1. 研究人員與借調的教師經過討論後，建立整體課程大綱與教學進度表的共識，並將課程的單元，分配給借調教師以進行設計。
2. 借調的教師們針對某一個特定的單元，研擬目標和大綱。
3. 借調的教師們針對某一個特定的單元，研擬目標與細部內容。
4. 借調的教師設計教師手冊的教學活動及教科書的教材。
5. 借調的教師們和研究人員，一起討論所研擬的教師手冊及教科書的內容以便送交課程實驗研究委員會進行審核。
6. 研究人員透過邀請召開課程實驗研究委員會會議，去審核並修正教師手冊和教科書。

一位臺灣省國民學校教師研習會「課程實驗研究委員會」的委員指出：板橋模式的工作小組規劃教材的架構與內容，並提交給研究委員會進行審核和修正。工作小組解釋為什麼教材主要由教師們來進行設計。研究委員會的委員提供新的課程理念，舉例來說，潛在課程的理念，或是更適切的課程目標，或是增加教材內容的討論議題，或是提供合適的解答。這些對課程發展都是極有幫助的，因為事實上，工作小組從研究委員會議獲益良多（受訪者E, 1）。

十、根據課程實驗研究委員會議的審核來修訂實驗課程

有趣的是，該社會科探究教學課程實驗根據「臺灣省國民學校教師研習會」之「課程實驗研究委員會」的審核來修訂的實驗課程並不多見。一位臺灣省國民學校教師研習會「工作小組」的成員解釋道（受訪者J, 1）：當我們的專業知識不足時，研究委員會的委員會提供我們一些新的概念來採用，但是，這並不常見。因為在設計過程期間，我們非常積極的拜訪研究委員並尋求協助，因此，這些修正的幅度並不大。「臺灣省國民

學校教師研習會」之「課程實驗研究委員會」的委員，特別是大學教授，也是非常尊重教學專業。一位借調參與編輯的教師回應道：舉例來說，教師依據其實務教學經驗批評，在還沒有教導「比率」、「比例」的概念之前，教導四年級學生「比例尺」的概念是不恰當的，而在研究委員會的教授也深感同意（受訪者H, 1）。

然而，似乎在「臺灣省國民學校教師研習會」、「工作小組」的心目中，「教師」在課程實驗中扮演第二重要的角色而非最重要角色，因為教師只不過是在「測試」大學教授所提出的理念，當初「臺灣省國民學校教師研習會」課程實驗研究情境下的「教師即研究者」的理念剛萌芽，因此，小學教師就如同是大學教授的研究助理，而非獨當一面的研究者（蔡清田，2000；2001；2003；2008；2016）。一位臺灣省國民學校教師研習會「工作小組」的成員指出：我想在課程發展過程中，相對於教授而言，教師是第二重要的，教授所提出來的新理念，是透過教師們加以測試考驗的，因此，教師居於課程發展第二重要的地位。我認為教師是非常重要的，但是，略輕於研究者或教授的重要性，這些在教科書中的新理念有賴於教授及研究者們的提出貢獻（受訪者A, 5）。

另一個「臺灣省國民學校教師研習會」「工作小組」的成員回應：教授提供了新理念，而由教師們試著透過課程實驗去測試考驗，在我們臺灣省國民學校教師研習會的文化中，是很尊重教授的，而且我們認為在課程實驗過程的大多數時間，教授的地位都是優於教師的。我並不認為我們的教師會質疑教授（受訪者B, 5）。

第二節　課程實驗之發展的評議

就板橋模式「課程實驗之發展」的評議而言，「臺灣省國民學校教師研習會」板橋模式透過探究教學「課程實驗之發展」，開發教材原型與教學活動的草稿，更進一步地探究「課程實驗之發展」歷程，教師具有研發教材原型的設計能力，已經具備「教師即研究者」的雛型（蔡清田，2016；Clandinin & Connelly, 1992）；但是，由於實驗教師在各地方的實

驗學校內部單兵作戰單打獨鬥，不利於「課程實驗之發展」的歷程，「課程實驗之發展」的歷程中，有創新之名，卻沒有帶來實質的變革；可見課程實驗的發展歷程，需研發策略確保教師合作，營造成功課程實驗（蔡清田，2001），本節將進一步加以評議。

一、「臺灣省國民學校教師研習會」板橋模式透過課程實驗，發展教材原型與教學活動的草稿，更進一步地探究課程發展歷程，教師具有研發教材原型的設計能力，已經具備「教師即研究者」的雛型

　　課程發展是持續進行的過程（Fullan, 1991），「臺灣省國民學校教師研習會」板橋模式能根據教師的回饋進行實驗與修正，「臺灣省國民學校教師研習會」的「課程實驗研究委員會」、「工作小組」等課程改革推動者亦能體認「課程實驗的發展」之複雜，以試教及實驗來發現課程實驗過程中的問題。在此探究教學「課程實驗的發展」中，經由教師參與課程實驗之研習，由借調的國民小學教師來編寫教材單元與教學活動，發展形成課程實驗之教材原型與教學活動的草稿，教師具有研發教材原型的「課程設計」能力，已經具備「教師即研究者」的雛型，更能顧及國小學生的興趣與需求（蔡清田，2001；Clandinin & Connelly, 1992）。

　　「課程實驗之發展」要能真正落實，需要教師有意願配合，否則形同虛無。因為學生有個別差異，教室情境亦有所不同，教師須根據自己的教室經驗與觀察，加以修正、接受、或拒絕此研究假設的課程。所以教師要常以研究精神來探索教室情境，以改進教學，才對學生真正有幫助。正如同每一位學生都是獨特的個體，每個教室情境亦是獨特的研究範疇，教師應當進一步扮演「教師即研究者」的角色，有助於將教學過程系統化及公開化，可拓展課程研究發展專業領域之知識。甚至，教師須有將課程視為有待考驗的「研究假設」（蔡清田，2001），及有系統地蒐集證據並加以考驗，方可稱之為教室的研究者（蔡清田，2013）。若教師無法將由上而

下的課程改革加以吸收內化，並應用於教室情境，則新課程是不能有效實施的（McKernan, 2008）。此外，教師角色在責任與權力上應適當地求取平衡，而課程改革的推動者，應將教師的觀點加以審慎考慮，亦即須多元思考課程的面向，方能發展出真正適合學生與教師的課程。

「臺灣省國民學校教師研習會」板橋模式透過探究教學「課程實驗的發展」，主要是追隨美國葛羅曼課程方案評鑑活動所謂準科學模式（Grobman, 1970），亦即透過實驗教學、實驗編寫、試行教學、根據實驗教師的教學回饋，以修訂課程及擴大課程實驗，並透過使用準科學的學生學習成果的實證報告，以檢證課程實驗的成效（Bonser, 1926）。板橋模式的推動者，特別是臺灣省國民學校教師研習會「課程實驗研究委員會」、「工作小組」等等程實驗的推動者，體認到「課程實驗之發展」的複雜性，因此，經由教師參與課程實驗之研習，發展形成課程實驗之教材原型與教學活動的草稿，透過實驗教學和實驗，來探究課程實驗發展過程的問題。

就「課程實驗的發展」過程中的教師角色而言，板橋模式的教師被定位為「教學活動」的發展者（developer），是選擇、組織學生經驗的課程設計者。板橋模式「課程實驗之發展」，主要依據教師研習來形成教材原型與教學活動的草案，設計單元主題、概念架構、模組案例。在此模式的教師被期許為教學單元內容與教學活動的發展者，類似於Clandinin與Connelly（1992）所謂學生學習經驗的課程選擇、與組織的課程決定者。教師參與「臺灣省立國民學校教師研習會」板橋模式課程實驗編輯小組，進行課程教材內容的撰寫，特別是設計能引起學生需求與興趣的教學活動。可見課程實驗所需具備的能力十分複雜，不是在某一個人之中就可具備所有的能力。因此，課程實驗一定要以團隊工作的型態出現。課程實驗團體中，最好能包含不同背景的人員，例如，學科專家、教師、心理學者、課程學者、評鑑專家，甚至於工商業界人員、家長、學生都是必要的（蔡清田，2016）。

二、實驗教師在實驗學校內部單兵作戰單打獨鬥，不利於課程發展的歷程

「課程實驗」是一個合作性的事業，教師皆有責任分攤，但是課程實驗必須獲得學校機構的支持，而非個體或個人可獨自完成的工作（Gillet & Reavis, 1926）。特別是在政府解除戒嚴令之前的1978年（民國67年）至1987年（民國76年）期間資訊溝通不便，每一所「實驗學校」只有一位實驗教師參與「臺灣省國民學校教師研習會」課程實驗，其所遭遇的課程實驗問題，也很難和校內其他沒有參與課程實驗的教師一起討論共同問題，參與實驗的教師往往必須利用下課時間的空檔，打電話向「臺灣省國民學校教師研習會」課程實驗工作小組求救，就時間而言，一方面真是既不方便，另一方面也是「遠水救不了近火」緩不濟急。一位參與「臺灣省國民學校教師研習會」的實驗學校教師便回應說明道：在我的學校，我獨自加入這個課程實驗。當我在實驗教學中遇到問題時，對我而言和其他沒有參與實驗的教師一起討論是極不可能的。我必須在教學之後，去打電話尋求「臺灣省國民學校教師研習會」板橋工作小組的協助，但是時間緊急時實在是很不方便。我覺得好孤獨，因為在我的學校裡得不到支持。「臺灣省國民學校教師研習會」雖然有要求校長在每個實驗學校設置一個「支援團體」。然而，在實驗學校中的其他教師並沒有接受過「臺灣省國民學校教師研習會」板橋模式的培訓，他們也無法在實驗學校內部組成支援團體（受訪者I, 2）。

三、課程實驗之發展的歷程中，有創新之名，卻沒有帶來實質的變革

就教師專業文化而言，「臺灣省國民學校教師研習會」板橋模式探究教學課程實驗之下的教師文化流露出「民族精神教育」的忠貞愛國主義，參與「臺灣省國民學校教師研習會」探究教學課程實驗的教師仍普遍存有

忠貞的愛國主義以執行「民族精神教育」的既定課程目標，自認「教師為國家順從之公僕」，須等待實驗課程的工作小組的上級指示來進行教學，常仰賴「臺灣省國民學校教師研習會」頒發教師手冊中的教學指引，以便順利推動課程實驗「探究教學」與「民主精神教育」，教師負責執行政府訂定的課程目標，並針對實驗課程的教材教法加以修正，對於課程目標是不允許加以懷疑或修改的。

然而，這個課程實驗的一個特色是，教師並非總是扮演馴服的接受者而忠實地執行這個課程實驗方案意圖。儘管有些教師沒有選擇機會，必須接受這項課程實驗，甚至有些非自願參與此課程實驗的教師，可能會採取一些有意的或無意的方式，來顛覆推翻這個課程實驗的原本意圖。舉例來說，有些課程實驗的教師仍然運用「四合一」（一位教師、一本教科書、一個黑板、一支粉筆）的傳統方法，以因應教完教科書課文內容並要求學生加以記憶背誦精熟。教師要求學生覆誦和抄寫教科書內容，並且背誦記憶下來以應付考試，也因此顛覆了板橋模式課程實驗希望學生互相討論「探究學習」的方式。這個例子顯示了課程實驗的推動者，希望「課程實驗能改變教師」，結果事實上是「教師改變了課程實驗」。這項觀察正好呼應了Marsh與Huberman（1984, 59）的評論，由上而下的行政策略通常不會明顯地導致教室層次變革。教師總是選擇性的進行課程並改變了原先的課程實驗（Tyack & Tobin, 1994）。課程實驗被教師在教室情境脈絡的實施過程加以改變。假如教師專業文化抗拒由上而下的「課程實驗之變革」，中央集權式的課程改革將很難有持續性的影響，似乎可視為如同MacDonal（1971, 11）所說的「有創新之名，卻沒有帶來實質的變革」（innovation without change）。

有趣的是，「臺灣省國民學校教師研習會」板橋模式的「課程實驗研究委員會」、「工作小組」等等推動者，似乎也採用了「防範教師」的模式，試圖將教師的干預降至最低，例如「臺灣省國民學校教師研習會」板橋模式的「教師手冊」，詳列了教材教法的各種指導事項，完全不須教師費心思量，即使能力較差的教師也能遵從教學指引「按圖索驥」進行課程實驗的「探究教學」。然而，防範教師的課程在實際上是不可能的

（Eisner, 1994）。不同的教育單位有不同的次文化，教師的專業文化亦不同於教育行政者的文化，教師手冊與教科書被送至學校，不見得課程改革推動者的理念就得以傳達至教室。當學者專家的「理念建議的課程」，成為政府訂定的「正式規劃的課程」，再轉變為提供教師「資源支持的課程」，然後至課堂上教師所實際「實施教導的課程」，以至最後學生所經驗「學習獲得的課程」，層層的轉移，不免在理論與實務之間，產生落差。新課程遭到扭曲，可能是價值的衝突，或是不同次文化之間的誤解。故課程改革的推動者不可再輕忽實際的教室情境、教師的專業文化，以及教師的內心世界（蔡清田，2008；McKernan, 2008）。

四、課程實驗之發展歷程，需研發策略確保教師合作，營造成功課程變革

　　值得注意的是，「課程實驗」僅有新教材的設計及各種物質條件如組織、設備、資源的改變，並不足以成功地進行課程實驗，唯有教師及行政人員專業能力提升，才能使課程實驗真正成功。而教師和行政人員能力的提升，單靠短期的進修是不夠的，目前更需要的是無形的進修方式，亦即是使教師在課程實驗的發展工作中學習（黃政傑，1991）。

　　上述部分教師參與「課程實驗之發展」但卻抗拒課程的改變，乃是因為教師必須改變原有的舊技能與教師必須去學習新技巧，這是很令教師感到受壓迫與恐懼。舊習慣具有省時與省力的策略，提供了安全感與認同感。課程中的衝突，可以被解釋為價值的衝突（House, 1981, 27），或是未能從不同的次級文化去瞭解另一個文化。

　　值得注意的是教師沉重的教學負擔，使臺灣的國民小學教師無法利用短暫的下課時間，與學校同仁交換教學心得，更由於教師辦公室往往按照年級與科目分座如雞蛋盒彼此隔閡而互動不易，再加上學生放學之後，國民小學教師便紛紛離校回家去，使得教師之間苦無機會討論教材及教法的問題，形成一種教師往往孤立無援的狀態。此外，基於面子問題或傳統文人相輕觀念的影響，教學遇到困難的國民小學教師，不願請求其他教師的

協助，恐遭他人譏議個人能力不足，或內心輕視其他教師的經驗與能力；而有熱忱助人的教師亦常不願提供援助及建言，因恐遭人予以愛出鋒頭之非議。故一般教師往往因羞怯而不願互相學習（Fullan, 1992），當然亦無課程發展的「教師即研究者」之理念（蔡清田，2001；Clandinin & Connelly, 1992），無法體認課程研究角色的重要性，不會將課程理論應用於課程實際情境（蔡清田，2008；McKernan, 2008）。「臺灣省國民學校教師研習會」的「課程實驗研究委員會」、「工作小組」、「編輯小組」等等課程變革的推動者，可能未曾仔細地考量到學校與教室的脈絡情境。他們忽略了臺灣的國民小學教師專業文化，而且也未能充分地瞭解教師在學校情境脈絡中的真實生活世界。這種觀察提醒了「臺灣省國民學校教師研習會」的「課程實驗研究委員會」、「工作小組」、「編輯小組」等等課程實驗的推動者，需要研發策略來確保教師之間的合作，以營造成功的「課程實驗之推廣」，作者將在下一章進一步加以描述分析與評議其課程實驗之推廣。

第五章　課程實驗之推廣

　　「課程實驗」，強調試教、修訂、實驗、再修訂的課程發展過程（蔡清田，2016），進行緩進的「課程改革」（黃光雄、蔡清田，2015），此種透過實驗試用、反思回饋、到修正不斷循環的歷程，透過過去經驗與知識以及不斷進步演化歷程的「累進原則」（國家教育研究院，2014a），可以解決課程爭議（蔡清田，2016）。特別是，「課程實驗」可以透過某些進路管道的溝通，經歷一段時間的「推廣」（dissemination）漸為社會成員所接受（蔡清田，2005；2007），因此，課程實驗推廣（dissemination of experiment），可說是促成社會改變的一種過程（Rogers, 2003）。課程實驗推廣，是一種有關新觀念、方法、技術、產品等由中央向外擴展（expand）到其他地方的過程方法與結果（Havelock, 1971a; 1971b），這些活動與單位人員包括資源中心總部、聯結各地資源中心與消費族群團體的聯結機制、以及行銷傳遞運送安排資源給各地區的使用消費者之管道（Marsh & Huberman, 1984）。

　　所謂「課程實驗之推廣」（dissemination of curriculum experiment）或課程推廣（curriculum dissemination），便是指從有計畫的傳播擴散角度（Schon, 1971），來推廣傳播擴散課程資源系統（resource system）與課程使用者（user）或課程消費者（consumer）之間的相互關係（蔡清田，2001；2003；2016）。因此，「臺灣省國民學校教師研習會」出版了如圖5.1研習資訊等課程期刊文件，加強板橋模式課程發展工作團隊與實驗學校及研習教師之間的溝通聯繫等，此處本書作者特別關心的是「臺灣省國民學校教師研習會」板橋模式探究教學課程實驗經過「課程實驗研究委員會」、課程實驗「工作小組」、「編輯小組」等「任務團隊」小組人員所規劃設計的「課程實驗的發展」之後，下一個有待決定的課程實驗問題，便是究竟「課程實驗研究委員會」、課程實驗「工作小組」、「編輯小組」等「任務團隊」與推動者人員，如何「推廣」此一課程實驗方案，這是本章所要探究的主要問題。

　　本章課程實驗之推廣，包括第一節課程實驗之推廣的策略，第二節課程實驗之推廣的評議。就板橋模式探究教學課程實驗的課程推廣之策略而言，主要經由「臺灣省國民學校教師研習會」在學期「開學前」調訓教

🌼圖5.1　「臺灣省國民學校教師研習會」出版的研習資訊

師進行在職進修研習及召開「學期中」的教學觀摩示範推廣會議，包括透過參與實驗的教師，參與工作坊研習，設計他們自己的教材和教學方法活動；參與實驗的教師測試考驗這些由別人所已經設計出來的教材與教學活動；選擇實驗學校；安排實驗學校校長會議；參與實驗的教師於開學前參加研習會課程實驗為期兩個禮拜的在職進修研習；教學材料和教學方法的溝通說明，則是實驗課程推廣教師培訓課題的重要內容；連續兩週必須住宿的教師在職進修方案，同時強調教材教法改進及培養「良師興國」社會價值，以促進國家政治安定、社會進步、經濟繁榮、文化傳承的使命；課程實驗任務團隊與課程實驗研究委員會成員，一起訪視實驗學校；參與課程實驗的教師都必須參加區域性的教學觀摩示範工作坊與討論會；透過教學觀摩示範工作坊與討論會，和實驗教師一起討論所有的課程實驗問題。

　　進一步地，就「臺灣省國民學校教師研習會」板橋模式課程推廣策略之評議而言，包括中央到邊陲模式的課程推廣，強調國家規劃「民族精神教育」的課程目標與「探究教學」的教材教法之推廣；培訓未來的培訓

種子之推廣訓練方案，和其他成員進行專業接觸，交換新課程的理念及實務，對課程推廣的成功是相當重要的；學校校長強而有力的行政支持是課程推廣的重要條件；教師憂心家長抗議課程實驗學生沒有教科書可供使用，不利於課程實驗的推廣，分兩節論述如次：

第一節　課程實驗之推廣的策略

就「課程實驗之推廣的策略」（dissemination strategy of curriculum experiment）而言，究竟「臺灣省國民學校教師研習會」板橋模式探究教學的「課程實驗研究委員會」、課程實驗「工作小組」、「編輯小組」等「任務團隊」與推廣人員採取何種策略，以推廣其所發展出來的課程實驗方案？「臺灣省國民學校教師研習會」探究教學課程實驗之推廣的策略，是否包括任何形式的學校教師在職進修研習與教育訓練？學校教師在職進修研習與教育訓練在板橋模式課程實驗的推廣過程當中，究竟扮演何種角色？「臺灣省國民學校教師研習會」從事課程實驗的研究發展人員究竟留下多少彈性空間，以吸引或包容學校教師的創新之表現？「臺灣省國民學校教師研習會」從事探究教學課程實驗的「課程實驗研究委員會」、課程實驗「工作小組」、「編輯小組」等「任務團隊」與推廣人員是否鼓勵學校教師發揮其個人創意之理念？「臺灣省國民學校教師研習會」板橋模式課程實驗的課程實驗研究委員會、課程實驗工作小組、編輯小組等任務團隊與推廣人員提供何種支援，以協助參與課程實驗的學校教師，促成學校教師在學校組織文化當中的教室班級社會體系內進行課程實驗？這些都是值得關注的課程實驗的推廣與傳播擴散問題，這些也都將是本節所要進一步探究的重點。

「臺灣省國民學校教師研習會」出版了如圖5.2國民小學社會科新課程概說等課程文件，推廣介紹板橋模式課程實驗，並配合圖5.3臺灣省政府教育廳國民教育巡迴輔導團辦理社會科研習的研習資料，以及圖5.4與圖5.5「臺灣省國民學校教師研習會」各學年度在各實驗學校辦理社會科課程實驗研習會手冊，推廣社會科實驗課程的問思教學法與探究教學法等。具體

✿圖5.2　國民小學社會科新課程概說

✿圖5.3　臺灣省政府教育廳國民教育巡迴
　　　　輔導團辦理社會科研習的研習資料

✿圖5.4 「臺灣省國民學校教師研習會」79學年度
南師附小課程實驗研習手冊

✿圖5.5 「臺灣省國民學校教師研習會」79學年度
中正國小課程實驗研習手冊

而言，就「臺灣省國民學校教師研習會」板橋模式課程推廣之策略而言，包括透過參與實驗的教師，參與工作坊研習，設計他們自己的教材和教學方法活動；參與實驗的教師測試考驗這些由別人所已經設計出來的教材與教學活動；參與實驗的教師於開學前參加臺灣省國民學校教師研習會主辦為期兩個禮拜的課程實驗在職進修研習；教學材料和教學方法的溝通說明是實驗課程推廣教師培訓課題的重要內容；連續兩週必須住宿的教師在職進修方案，同時強調教材教法改進及培養「良師興國」社會價值；課程實驗任務團隊與課程實驗研究委員會成員，一起訪視實驗學校；參與課程實驗的教師都必須參加區域性的教學觀摩示範工作坊與討論會；透過教學觀摩示範工作坊與討論會，和實驗教師一起討論所有的課程實驗問題，分述如下。

一、參與實驗的教師，參與工作坊研習，設計教材和教學方法活動

在「臺灣省國民學校教師研習會」探究教學課程實驗過程中，參與實驗的教師，透過參與「臺灣省國民學校教師研習會」的課程實驗工作坊研習，有如「教師即課程設計者」（蔡清田，2001；Clandinin & Connelly, 1992），來設計他們所要應用的教材和教學方法活動，而且進而在試驗學校進行試用，並親自在教室試用考驗所設計的教材和教學方法活動。「臺灣省國民學校教師研習會」並根據這些小規模試驗教學的結果，將課程實驗的觸角從9所試驗學校，擴展到全臺灣各縣市地方政府的41所實驗學校。然而，在此課程推廣策略中，參與課程實驗的教師僅是遵守並測試考驗那些全由「臺灣省國民學校教師研習會」課程實驗的「任務團隊」所設計的教材與教學活動，而參與課程實驗的教師們就如同去測試考驗這些由別人所已經設計出來的教材與教學活動，參與課程實驗的教師們就如同是「臺灣省國民學校教師研習會」課程實驗的「任務團隊」的研究助理（蔡清田，2008；McKernan, 2008）。

二、參與實驗的教師測試考驗這些由別人所已經設計出來的教材與教學活動

　　一位參與課程實驗的學校教師便指出：臺灣省國民學校教師研習會已經設計了好幾種教學方法以提供給實驗學校教師，所以參與課程實驗的教師在板橋模式所要做的只是遵守「臺灣省國民學校教師研習會」課程實驗所指定的方法去進行教學（受訪者I, 2）。

三、選擇實驗學校

　　「臺灣省國民學校教師研習會」這項國民小學社會科實驗課程之推廣，肇始於1984年9月，並由一年級學生開始進行推廣（臺灣省國民學校教師研習會，1987，96），「臺灣省國民學校教師研習會」的前主任指出（吳清基，1987，1）：為了要推廣這項國民小學社會科實驗課程，臺灣省國民學校教師研習會挑選了41所被公認為在實施民族精神教育上最具有成效的學校，作為進行社會科新課程的實驗學校。之後，這些實驗學校便派遣他們的教師代表，到臺灣省國民學校教師研習會參加研習受訓。此種課程實驗之推廣，同時重視課程實驗之推廣與與教師專業發展（蔡清田，2008；McKernan, 2008）。

　　「臺灣省國民學校教師研習會」在這項國民小學社會科實驗課程之課程推廣策略當中，如同1934至1942年美國進步主義學會透過課程實驗選擇不同地區學校進行的所謂的「八年研究」（Aikin, 1942, 12）。「臺灣省國民學校教師研習會」選擇實驗學校是根據下列幾項原則：最初參與試驗的10所學校當中，有9所試驗學校繼續參加這個課程實驗。其他的實驗學校之選擇，主要乃是基於學校所在的地理位置，地點包括都市、鄉村、海邊及山區。然而，為了有利於「臺灣省國民學校教師研習會」「課程實驗研究委員會」委員及「任務團隊」成員到校進行訪視輔導，實驗學校的交通便利性也是選校考量的要素之一。除此之外，也特別考慮到實驗學校的校長是否熱心支持這項課程實驗，因此，「臺灣省國民學校教師研習會」

便安排實驗學校校長會議，以利課程實驗之推廣。

四、安排實驗學校校長會議

　　1984年6月6日，「臺灣省國民學校教師研習會」課程實驗任務團隊，安排了一個針對實驗學校校長的會議，以尋求學校行政人員的支持。課程實驗研究委員會與任務團隊的成員解釋了社會科實驗課程的重要性及其發展的歷程。他們討論了教學、教材和評量等等相關的議題，以幫助實驗學校的校長瞭解課程實驗的狀況，「臺灣省國民學校教師研習會」列出了一系列的要求清單，以尋求實驗學校校長們的支持與協助。同時，「臺灣省國民學校教師研習會」也傳轉達了一封信給實驗學校校長，請其通知參與課程實驗的學生家長，並尋求參與課程實驗的家長的之支持（臺灣省國民學校教師研習會，1987，13）。

　　一位「臺灣省國民學校教師研習會」工作小組的成員指出：為了幫助學校行政人員瞭解這項課程實驗的重要性，並支持課程實驗，臺灣省國民學校教師研習會十分強調學校行政人員支持此項課程實驗的重要性。臺灣省國民學校教師研習會，希望教師能有更多的彈性去進行教學。同時，臺灣省國民學校教師研習會，也希望實驗學校的校長能夠提供經費以協助參與實驗的教師購買教具。臺灣省國民學校教師研習會工作團隊這樣做，是根據其實務經驗，因為常有實驗學校的教師要求臺灣省國民學校教師研習會課程實驗工作團隊去訪視他們的實驗學校，並和校長們談一談，以尋求校長對此項課程實驗的支持。否則，個別的實驗教師往往在個別的實驗學校內陷於孤軍奮戰，缺乏奧援而單打獨鬥（受訪者J, 1）。

　　因此，「臺灣省國民學校教師研習會」此種課程推廣會議的目的之一，便是去協助校長認識課程實驗的本質，並進而支持協助課程實驗的進行。舉例而言，「臺灣省國民學校教師研習會」任務團隊的一位教師回應這種課程推廣會議的重要性：課程實驗的討論式的教學，可能會導致一些教室秩序控制的問題，然而校長不應該因此責怪教師們這樣做（受訪者H, 1）。

五、參與實驗的教師於開學前參加臺灣省國民學校教師研習會主辦為期兩個禮拜的課程實驗在職進修研習

在「臺灣省國民學校教師研習會」探究教學課程推廣策略當中，參與實驗的教師，每年8月參加「臺灣省國民學校教師研習會」為期兩個禮拜的課程實驗教師在職進修研習，以學習實驗課程當中的新方法技術和理念價值，這是板橋模式課程實驗的一項新特色。「臺灣省國民學校教師研習會」工作小組的一位成員指出：這的確非常重要，因為你必須讓所有教師們瞭解你在想什麼及強調些什麼，也把這些目標帶到課堂上。因此，我們在每個學期一開始便進行實驗學校教師的在職培訓，我們調訓實驗學校教師並給他們新的教科書與教師手冊，並開課讓教師學習一些課程領域內容與如何去進行教學，很重要的是必須藉此提供機會，讓參與課程實驗的教師去研習新的教科書與教師手冊的所有內容，否則他們可能只會用舊教法去教新教材，儘管教科書與教師手冊改變了，他們可能也不會改變教法。因此，教師培訓是非常重要的，培訓可以協助教師知道改變了些什麼（受訪者A, 3）。

六、教學材料和教學方法的溝通說明，是臺灣省國民學校教師研習會課程推廣教師培訓課題的重要內容

教學材料和教學方法的溝通說明，是「臺灣省國民學校教師研習會」課程實驗推廣教師培訓課題的重要內容。舉例來說，如何去問學生問題，如何引導學生參與討論與進行探究式教學。這些推廣課程目的，在於幫助教師瞭解這項實驗課程（臺灣省國民學校教師研習會，1987，13），因此有必要建立一套實驗課程推廣的教師在職訓練和進修研究課程，以提供教師去接受再教育並增強其知識，使其能採用進步創新的教材和方法。

七、連續兩週必須住宿的教師在職進修方案，同時強調教材教法改進及培養「良師興國」的「民族精神教育」價值觀

　　「臺灣省國民學校教師研習會」提供探究教學課程實驗推廣的教師在職進修研習方案，同時強調探究教學課程實驗教材教法及實驗教師社會行為舉止與教學活動的改進。在每一學期爲期兩週的探究教學課程實驗研習期間，實驗教師必須住在「臺灣省國民學校教師研習會」的學員宿舍，實驗教師們必須組成小組團隊，經由聽、看、說、行、思等五個步驟，去共同參與規劃、討論、觀察、實驗、練習、呈現、示範、檢討和批判，其最終目標在於協助教師獲得探究教學課程實驗的教育理解及改進其教學方法（教育部，1992，25）。除此之外，此一實驗課程推廣的教師在職進修研習方案，也透過日常生活的食、衣、住、行、育、樂來進行教師培訓，希望能培養教師面對理想生活的較佳態度及形成適應現代社會的良好習慣與培養「良師興國」的「民族精神教育」價值觀，促進國家政治安定、社會進步、經濟繁榮、文化傳承的使命。因爲，教師是國家政治安定、社會進步、經濟發展、文化傳承的重要基石。因此，國家要政治安定及永續發展，需要透過教師在職進修提升優質的教師素資，達成「良師興國」的重要功能。

　　這個實驗課程推廣連續兩週必須住宿在「臺灣省國民學校教師研習會」的學員宿舍，此種住宿型教師在職進修研習方案的終極培訓目標，在於將參與課程實驗的教師，轉型成爲有道德的良師以承擔復興國家的重要使命（教育部，1992，25），這是一種培養「良師興國」的「民族精神教育」價值觀。對西方文化來說，這樣聽起來似乎是嚴重的洗腦灌輸塑造，然而，「良師興國」的原則在「臺灣省國民學校教師研習會」被視爲圭臬，也是回應中華民國政府在戒嚴時期的教育指導原則。這也呼應了意識型態的傳遞是透過「教師即知識分子」（Giroux, 2005），以完成意識型態的複製（Apple, 1979; 1993），而臺灣學校的教師更是「民族精神教育」意識型態的「愛國教育」傳播者，這是中華民國臺灣解嚴前的1978年至1987年期間，一種相當獨特而不同於西方世界的課程實驗推廣之策略。

八、課程實驗任務團隊與課程實驗研究委員會成員，一起訪視實驗學校

經過實驗課程推廣的教師培訓之後，「臺灣省國民學校教師研習會」課程實驗任務團隊與課程實驗研究委員會成員，便開始安排參與課程實驗教師的教學指導。除此之外，當一位參與課程實驗的教師，開始任教新課程之前，被要求必須規劃一份時間行程表，並提報給「臺灣省國民學校教師研習會」課程實驗任務團隊，「臺灣省國民學校教師研習會」課程實驗任務團隊與課程實驗研究委員會成員，便會安排行程一起訪視實驗學校，並且和參與探究教學課程實驗的教師一起討論教學活動的議題（臺灣省國民學校教師研習會，1987，13）。除此之外，「臺灣省國民學校教師研習會」課程實驗任務團隊的一位成員也強調：我們也經常使用電話和實驗學校的教師聯絡，以便隨時從教師身上得到回饋，並藉此瞭解教師在教學中所遭遇的困難（受訪者H, 1）。

九、參與課程實驗的教師都必須參加區域性的教學觀摩示範工作坊與討論會

除此之外，所有參與「臺灣省國民學校教師研習會」課程實驗的教師都必須參加區域性的教學觀摩示範工作坊與討論會。藉由教學觀摩示範工作坊，實驗教師有機會向他人學習觀摩。「臺灣省國民學校教師研習會」課程實驗任務團隊的一位研究成員評論（受訪者C, 3）：我們要求教師參與多次課程實驗的教學觀摩演示工作坊的研習，而每一次臺灣省國民學校教師研習會課程實驗任務團隊的成員，都可以帶回由實驗教師告知可能將如何改變，以及臺灣省國民學校教師研習會該如何幫助他們實驗教師的相關回饋訊息。因此，除了每個學期一開始，在臺灣省國民學校教師研習會的板橋辦理參與實驗課程的教師在職進修研習之外，臺灣省國民學校教師研習會也在各地辦理課程實驗的教學觀摩示範工作坊，特別是學期當中，

在臺灣的北部、中部、南部三區，分區舉辦三次教學觀摩示範工作坊與討論會，先由參與實驗的教師進行教學，再由臺灣省國民學校教師研習會課程實驗任務團隊與課程實驗研究委員會成員進行觀察訪視，看看是否有實驗教師忽略之處，並檢討實驗教師不知道的問題，再由課程實驗任務團隊與課程實驗研究委員會成員和實驗教師共同進行討論，這是教師參與課程實驗的另一項重要特色。

十、透過教學觀摩示範工作坊與討論會，和實驗教師一起討論所有的課程實驗問題

　　41所實驗學校依所在地區分成三個區域，即分布在臺灣的北、中、南三區。每個區域的實驗教師，一學期至少一次會在區域的教學觀摩示範工作坊與討論會中相遇。在每學期的三次會議中，所有的實驗教師齊聚一堂，來觀摩其中一位實驗教師的教學，然後「臺灣省國民學校教師研習會」課程實驗任務團隊與課程實驗研究委員會成員和實驗教師，一起討論所有實驗教師在課堂中的問題。一位臺灣省國民學校教師研習會工作小組的成員更清楚的提到：實際上，北部的實驗教師僅有一次機會參加臺灣省國民學校教師研習會舉辦的區域教學觀摩示範工作坊與討論會，因為區域教學觀摩示範工作坊與討論會是北部、中部、南部各一次，所以在每個縣市的實驗教師，往往僅有一次機會參加臺灣省國民學校教師研習會舉辦的區域教學觀摩示範工作坊與討論會。而這是臺灣省國民學校教師研習會每一學期初在板橋辦理「開學前」的教師培訓之外，為實驗教師所舉辦的第二次教師在職訓練，在此時臺灣省國民學校教師研習會課程實驗任務團隊與課程實驗研究委員會成員視導實驗教師的教學，並和實驗教師同聚一堂一起討論所有的課程實驗問題。所以，臺灣省國民學校教師研習會課程實驗任務團隊與課程實驗研究委員會成員和實驗教師，一年當中至少有16天可以一起進行課程推廣與進一步討論（受訪者A, 6）。

　　「臺灣省國民學校教師研習會」板橋模式探究教學課程推廣策略，包括校長研習、開學前的實驗教師在職訓練、區域教學觀摩示範工作坊與

討論會，這是課程推廣情境脈絡下的一項特色，尤其是在臺灣學校教育實務情境脈絡下的課程推廣策略一大特色。「臺灣省國民學校教師研習會」的探究教學課程實驗研究委員會、任務團隊等等課程設計者，尋求學校行政人員與實驗學校教師的支持。「臺灣省國民學校教師研習會」課程實驗任務團隊與課程實驗研究委員會成員，身為課程設計者，經由實驗教師的在職訓練，對實驗教師們親自講解他們在課程設計上的理念，與對學習結果的期待，實際幫助教師更進一步瞭解教材與教法。然而，基本上，「臺灣省國民學校教師研習會」板橋模式的這種課程推廣方式，仍是屬於由中心到邊緣的系統模式的課程推廣。「臺灣省國民學校教師研習會」不只培訓實驗課程的使用者，也提供售後的服務。經過區域教學觀摩示範工作坊與討論會，「臺灣省國民學校教師研習會」課程實驗任務團隊與課程實驗研究委員會成員和實驗教師相遇，並一起交換教學經驗及討論教學時所面對的教材與教法問題，一些實驗教師會分享解答他們解決所遭遇問題的方法，以作為其他實驗教師遇到類似問題時的建議，實驗教師不僅教學相長，更可因此從別人身上獲得學習。除此之外，課程設計者也能在區域教學觀摩示範工作坊與討論會過程中，發現課程實驗的教材與教法問題，而且有機會和實驗教師討論教學方案設計的細節。這在課程實驗的推廣過程中，是一項很好的問題解決途徑（Havelock, 1971a; 1971b）。

第二節　課程實驗之推廣的評議

　　就「臺灣省國民學校教師研習會」板橋模式探究教學課程實驗之推廣策略的評議而言，包括中央到邊陲模式的課程推廣（Havelock, 1971a; Schon, 1971），強調「民族精神教育」的課程目標與「探究教學」的教材教法之推廣；培訓未來的培訓種子之推廣訓練方案，和其他成員進行專業接觸，交換新課程的理念及實務，對課程實驗的成功推廣是相當重要的；學校校長強而有力的行政支持是課程實驗推廣的重要條件；教師憂心家長抗議課程實驗學生沒有教科書可供使用，不利於課程實驗的推廣，分述如次。

一、中央到邊陲模式的課程推廣，強調國家規劃「民族精神教育」的課程目標與「探究教學」的教材教法之推廣

　　「臺灣省國民學校教師研習會」板橋模式的探究教學課程實驗推廣模式，強調全國性的計畫及產生新的教材與教學方法。「臺灣省國民學校教師研習會」板橋模式的探究教學課程實驗之推廣策略，類似於Schon（1971）所說的「由中心到邊陲的模式」，強調由上級政府規劃「民族精神教育」的課程目標與「探究教學」的新教材教法生產製作的課程推廣。

　　在課程實驗的推廣上，它亦近似於「由中心到邊陲的模式」，除了提供位於外圍邊陲的各地方學校教師有機會去參與試驗性的課程實驗之推廣，進行「探究教學」教材教法設計，以測試考驗課程並檢視修正課程使其更完善及打光擦亮美化之外，教師們已然知悉新課程是由「臺灣省國民學校教師研習會」探究教學課程實驗的「課程實驗研究委員會」與「任務團隊」等專家們研究發展出來的「民族精神教育」的課程目標與「探究教學」的「優質」課程，這些接受的教師似乎也被期待去「證明」與「確認」它是一個「優質」課程。

　　然而，由中心到邊陲模式會失敗的原因是：中心無法適時提供邊陲教師適當的人力或資源來滿足各個地方的各種不同需求，上級政府無法立即激勵並管理來自邊陲教師的回饋，課程實驗的決策者總是低估了在決定課程產出時的學校脈絡與教師的闡釋重要性（蔡清田，2008）。「臺灣省國民學校教師研習會」板橋模式探究教學課程推廣限制之處，是它發生在上級政府的行政官僚體制結構之中，所以很少有全面性的教師在職訓練來支持課程實驗的推廣。課程實驗推廣的決定由上級政府所主導控制，而忽視個別學校的選擇權。

　　另一個課程實驗推廣不易成功的原因，是「臺灣省國民學校教師研習會」並無法訓練全國各地方學校的所有教師，而且研究發展與推廣系統的負載過重，以至於「臺灣省國民學校教師研習會」無法處理各個地方學校所需的所有教師訓練，也是造成課程實驗推廣不易成功的原因。「臺灣省國民學校教師研習會」板橋模式探究教學課程推廣策略是「由中心向邊陲

的模式」，這種推廣模式使得教師有機會參與試驗性的課程實驗，並提供實際經驗以便修正實驗課程使其更完善。此模式強調教師意見的回饋對課程實驗的重要性，這種模式要能成功是必須依賴中心能源及資源的不斷供應，但其不易成功的原因，是訊息的扭曲或系統的分裂。但是，誠如本書第三章所提出的難題，「臺灣省國民學校教師研習會」板橋模式本身在發展時，卻缺乏足夠資源的輔助，如在財源方面，因為政府對這個課程實驗計畫的補助很少，而且教育部並沒有給特定的預算，使得其財源不足，而無法自行負擔聘用全職研究教師的薪水，以至於必須從各地方學校借調教師從事教材教法設計的工作，而使得個別學校必須個別請代課教師教行教學，因而造成「被借調的學校」與「被借調的學校教師」雙方的不便。所以，上級政府的行政資源支持，在這種課程實驗推廣的模式中扮演極為重要的角色。由上可知，課程實驗的推廣在整個課程實驗中的地位，而且一個課程實驗的成功與課程推廣有很大的關係，所以課程改革的推動者，應該致力於爭取並建置課程實驗推廣方案的配套措施，以促進課程實驗方案的落實。

二、培訓未來的培訓種子之推廣訓練方案，和其他成員進行專業接觸，交換新課程的理念及實務，對課程實驗的推廣成功是相當重要的

「臺灣省國民學校教師研習會」板橋模式探究教學課程實驗的推動改革代理人（change agents）與學校教師之間建立雙向的溝通管道，包括教師在職訓練課程、教學示範和討論。就「臺灣省國民學校教師研習會」課程實驗推廣策略的特色而言，使用「臺灣省國民學校教師研習會」探究教學實驗課程的教師，必須在進行此項課程實驗之前，先接受課程實驗推廣之訓練，因此，可以結合「課程推廣」與「教師專業發展」。除此之外，「臺灣省國民學校教師研習會」板橋模式在探究教學課程推廣策略之中，採取「培訓未來的培訓種子」之推廣訓練方案，創造了一種所謂密集

的個人接觸機會，它為課程推廣者與教師之間，建立一雙向的溝通管道（House, 1979, 4）。

特別是「臺灣省國民學校教師研習會」為期兩週密集且必須住宿「臺灣省國民學校教師研習會」的教師研習，是一項相當特殊的課程實驗推廣策略，因為它包括「課程實驗研究委員會」與「工作小組」和教師之間的社會互動，而且教師可以指出課程推廣過程中所遇到的問題，並相互提供可能的解決方案。這種模式提供經驗分享與問題解決的機會，一種很重要而且有助於推廣者和教室中的教師之間有意圖的互動及雙向溝通的形式。「臺灣省國民學校教師研習會」板橋模式的探究教學課程實驗「工作小組」，藉著「開學前」的教師在職訓練課程與「學期中」的教學觀摩示範討論會，建立了與教師之間的雙向溝通管道。臺灣省國民學校教師研習會「課程實驗研究委員會」的委員與「工作小組」成員開始與教師們對話，並傾聽教師的回饋意見以調整課程實驗的教材內容與教學方法。

特別是開學前的兩個星期密集的「臺灣省國民學校教師研習會」住宿研習，是一種有意圖支持而且內容豐富而實質的培訓研習，並也涉入「臺灣省國民學校教師研習會」課程實驗的工作小組與實驗教師之間的持續社會互動，以指出課程實驗推廣過程中的問題與提供另一個可能的變通性方案。這也提供了機會以進行經驗分享與共同解決問題，正如Fullan（1992, 43）所說的有關使用者的使用層次之運用實施層級的問題或瞭解課程實驗推廣的問題。這種由教育專業的接觸來交換新課程實驗推廣的意見，是課程推廣成功的重要因素。這也提供了一項經驗，那就是和相關教育專業網絡的其他成員進行專業上的接觸，以交換新課程的理念及實務，對課程實驗推廣的成功是相當重要的（蔡清田，2008；McKernan, 2008）。

三、學校校長強而有力的行政支持是課程推廣的重要條件

「臺灣省國民學校教師研習會」板橋模式的探究教學課程推廣策略，類似美國的「八年研究」之般（Aikin, 1942, 12），十分重視課程實驗的推動機構與實驗學校之間的攜手合作關係，包括校長在職訓練、教師在職

培訓、與教學觀摩示範和討論會。這在臺灣的教育情境脈絡中是一項特別的課程推廣理論與實務。「臺灣省國民學校教師研習會」舉辦實驗學校校長會議以通知校長，鼓勵校長支持這個課程實驗並在各個實驗學校安排成立支持性的團體。

　　然而，在「臺灣省國民學校教師研習會」板橋模式探究教學課程實驗中，實際上只有少數實驗學校成立支持實驗教師的小組與會議，這是主要因為實驗學校校長對於此項課程實驗，只有名義上的支持卻沒有在實務上熱心地協助推動課程實驗之推廣，對實驗教師提供的幫助十分有限的關係。如果沒有校長的支持，則個別教師很難能進行難度高的改革，而且如果缺乏校長在學校機構中營造持續性的支持措施，則創新變革很難順利推動並生根茁壯。這種現象類似Fullan（1992, 83）所說校長的實際行動，不是校長口頭說什麼，會影響學校是否嚴謹地進行創新變革，來自學校校長強而有力的課程領導與行政支持，是課程推廣的重要關鍵（蔡清田，2016；Glatthorn, 2000）。

四、教師憂心家長抗議課程實驗學生沒有教科書可供使用，不利於課程實驗的推廣

　　在「臺灣省國民學校教師研習會」板橋模式探究教學課程實驗的最初開始，「臺灣省國民學校教師研習會」並沒有給學生教科書。教師和家長擔心學生沒有教科書。假如沒有教科書給學生，學生該如何學習與學習什麼呢？教師如果不用教科書的話，教師要教哪些教材呢？假如沒有紙筆測驗，教師該如何評量學生學習的成績呢？

　　一位參加實驗的教師指出：在板橋模式的最初，並沒有幫一、二年級學生準備教科書。然而，因為家長擔心如果沒有教科書，學生就不知道要如何準備考試，因此臺灣省國民學校教師研習會課程實驗任務團隊只好準備一些參考資料給學生（受訪者I, 2）。

　　這是十分有趣的，「臺灣省國民學校教師研習會」這個課程實驗計畫需要家長的合作，當家長成為抗拒改變的來源時，「臺灣省國民學校教師

研習會」課程實驗工作小組面對家長的抗拒時，此一課程實驗就必須妥協讓步。特別參與實驗課程的教師向「臺灣省國民學校教師研習會」課程實驗工作小組反應教師的不確定感與家長的擔憂：當其他的孩子都有教科書時，為什麼我的孩子沒有教科書？（周經媛，1991，23）這便導出了課程實驗之推廣的另一個問題，而且是與學生學習評量及課程評鑑的問題，作者將在下一章節，針對此進一步加以描述分析與評議其課程實驗之評鑑。

第六章 課程實驗之評鑑

　　課程實驗之評鑑（evaluation of curriculum experiment），就是指課程評鑑（curriculum evaluation）相關人員蒐集有關課程實驗的評鑑（evaluation）資料，用以判斷課程實驗的價值（黃光雄、蔡清田，2015）。就英美等國之西方社會而言，經常存在著一些有關評鑑之假設（黃嘉雄，2010），例如，評鑑是一種「強化品質控制的程序」（strengthening of quality control procedures）（House, 1979, 32）；課程評鑑係指評鑑在課程領域之應用（Norris, 1991），課程評鑑可以提供資訊（郭昭佑，1999；陳美如，2001），以協助中央政府的課程決策人員、地方政府教育行政人員、學校教師與社會大眾及學生家長等進行各層面的課程創新之決策（Simons, 1971, 119）。特別是，課程實驗的評鑑，可以被視為課程實驗方案的研究規劃設計發展與推廣實施過程當中，每一步驟的必要工作（蔡清田，2016），亦即，課程實驗之規劃、課程實驗之發展、課程實驗之推廣、實施成效的學習結果評鑑等等，都可能是課程實驗的評鑑之對象，指出其缺陷或困難所在，俾便作成課程實驗之決定之外，也可以指出學生學習因素之外的課程實驗研究規劃發展過程、課程本身、課程實施、課程效果等內容因素及範圍項目之價值優劣（黃政傑，1987）。

　　本章課程實驗之評鑑包括，第一節課程實驗之評鑑的方法，第二節課程實驗之評鑑的評議。第一節課程實驗之評鑑的方法，將探討「臺灣省國民學校教師研習會」板橋模式探究教學課程實驗的「課程實驗指導委員會」、「課程實驗研究委員會」、「工作小組」等推動者，是否採取任何方法形式途徑，以評鑑此一課程實驗方案？如果有，則究竟臺灣省國民學校教師研習會板橋模式的「課程實驗指導委員會」、「課程實驗研究委員會」、「工作小組」等推動者所採取「課程評鑑」與臺灣省國民學校教師研習會板橋模式課程實驗的「探究教學」理念、「民族精神教育」的課程目標、教師手冊、學生習作與教科書等「教材資源」等等假定有何關係？第二節課程實驗之評鑑的評議，將探討「臺灣省國民學校教師研習會」的社會科探究教學課程實驗，雖然採用了各種評鑑方法，然而透過內部人員進行行政評鑑，改進課程實驗；忽略了整個課程實驗歷程的評鑑；課程目標被視為理所當然而未加批判反省；家長抗議課程實驗學生使用無字天書

般的教科書，不利於新式多元評量的課程評鑑之進行；缺乏外部的專業課程評鑑指出「臺灣省國民學校教師研習會」板橋模式整體課程架構似乎並不穩定。這些都是非常值得探討的課程實驗之評鑑相關問題，茲分析陳述如次。

第一節　課程實驗之評鑑的方法

　　就課程實驗之評鑑的方法（evaluation method of curriculum experiment）而言，究竟「臺灣省國民學校教師研習會」板橋模式的「課程實驗指導委員會」、「課程實驗研究委員會」、「工作小組」等等推動者採取「形成性評鑑」（formative evaluation）或「總結性評鑑」（summative evaluation）（Cronbach, 1963）？這是非常值得探討的課程實驗之評鑑相關問題，究竟「臺灣省國民學校教師研習會」板橋模式課程實驗的「課程實驗指導委員會」、「課程實驗研究委員會」、「工作小組」等推動者之相關人員是如何地利用課程實驗的評鑑所發現之結果？

　　就課程實驗之評鑑的方法而言，「臺灣省國民學校教師研習會」類似美國「進步主義教育學會」（Progressive Educational Association）進行的「八年研究」（Ritchie, 1971），也透過許多評量方式，評鑑學生的學習結果（Madaus & Stufflebeam, 1989; Tyler, 1949），「臺灣省國民學校教師研習會」課程實驗「工作小組」進行好幾種方法形式的課程實驗評鑑，包括課程實驗評鑑的第一種方法形式是由臺灣省國民學校教師研習會課程實驗工作小組所進行的教室觀察；課程實驗評鑑的第二種方法形式，是來自臺灣省國民學校教師研習會課程實驗工作小組與教師的討論對話當中得到的回饋；第三種課程實驗評鑑的方法形式是臺灣省國民學校教師研習會課程實驗的工作小組人員所設計給教師填答的問卷調查；第四種方法形式的課程實驗之評鑑是學生學習的評量，並和傳統教學模式比較；第五種方法形式的課程實驗之評鑑是根據學生學習評量的結果來修訂教科書；第六種方法形式的課程實驗之評鑑是邀請實驗教師針對教法與教材進行評論，改善教師手冊、學生習作與教科書，分述如次。

一、課程實驗評鑑的第一種方法形式，是由臺灣省國民學校教師研習會課程實驗工作小組所進行的教室觀察

　　「臺灣省國民學校教師研習會」探究教學課程實驗工作小組進行好幾種方法形式的評鑑，這些方法形式包括教室觀察、討論、問卷調查與學生學習評量。課程實驗評鑑的第一種方法形式是由研究人員所進行的教室觀察。舉例而言，「臺灣省國民學校教師研習會」課程實驗工作小組的一位成員報告指出：臺灣省國民學校教師研習會的研究人員完成一些教學活動的教室觀察與記錄，並且發現了很多教師的問題。臺灣省國民學校教師研習會的工作小組人員，記錄了在教室中看到了些什麼，有很多實驗教師齊聚一堂，帶來他們全部的問題並加以討論，然後提供其對教科書與教師手冊的看法。事實上，臺灣省國民學校教師研習會的工作小組人員從實驗班與非實驗班級，記錄觀察的結果並加以比較發現，實驗班級的學生能夠完整的回答教師所提出來的問題，而且能說明答案所跟據的理由；相反的，控制組的學生就不會完整的回答教師所提出的問題，甚至當教師詢問為什麼時也不會就答案加以解釋說明。這兩種班級的學生學習結果是非常不同的（受訪者A, 13）。

　　「臺灣省國民學校教師研習會」探究教學課程實驗任務團隊的一位借調教師成員回應道：在課程實驗的過程，研究者進入教室去觀察教師的教學並記錄他們的觀察，以瞭解教師教學歷程的困難。經過觀察之後，研究者和教師對談，以更瞭解他們的困難並進而發覺該課程的不恰當之處（受訪者L, 3）。

二、課程實驗評鑑的第二種方法形式，是來自臺灣省國民學校教師研習會課程實驗工作小組與教師的討論對話當中得到的回饋

　　參與探究教學課程實驗的一位教師解釋說：事實上，當實驗學校教師

返回學校進行實驗課程的教學時，的確有好幾個問題存在。實驗教師記錄這些問題，並且在區域教學觀摩示範工作坊與討論會中提出來討論。關注的焦點並不是個別教師的批評，而是去檢討實驗教材和教法的適切性。臺灣省國民學校教師研習會課程實驗任務團隊記錄這些討論，並針對這些課程的修訂做出建議（受訪者I, 2）。

「臺灣省國民學校教師研習會」課程實驗工作小組的一位成員回應指出：參與課程實驗的教師們會告訴臺灣省國民學校教師研習會課程實驗工作小組，這樣的課程實驗教材與教法是否太困難，因為實驗教師們知道目標和透過教室教學活動以達成目標所需要的時間與方法。然後實驗教師可以告訴臺灣省國民學校教師研習會課程實驗工作小組，哪些課程目標對學生來說是否太困難可加以修改。所以臺灣省國民學校教師研習會課程實驗工作小組便可藉此修訂這些不適當的課程目標、內容和活動（受訪者A, 10）。

三、第三種課程實驗評鑑的方法形式，是臺灣省國民學校教師研習會課程實驗的工作小組人員所設計給教師填答的問卷調查

舉例來說，在每一單元結束時，「臺灣省國民學校教師研習會」課程實驗的工作小組人員，便會要求實驗教師填寫對教材的意見。一位參加實驗的教師說明道：「臺灣省國民學校教師研習會」訓練實驗教師如何去教這些新的教材，並要求教師將新的實驗教材帶回教室去進行實驗，去發現實施教學時的困難，去發現學生的反應，看看學生是否能適應這種新式的教學，或是有必要修訂實驗教材。這些主要的目的是去考驗測試這個實驗課程（受訪者I, 1）。

「臺灣省國民學校教師研習會」探究教學課程實驗的工作小組的一位成員說明道：從實驗教師身上得到的回饋十分多采多姿。一些教師認為有一某些單元的課程目標並不容易達成，因為其活動設計不良與缺乏參考資源，而且也有部分的課程單元不容易在學校評量，必須由家長評量。有一

些教師建議教師手冊的活動實在太多，教師並沒有時間全部去施行。有一些教師則是建議教材的順序應該根據不同地方學校加以重新組織（受訪者J, 4）。

四、第四種方法形式的課程實驗評鑑，是學生學習的評量，並和傳統教學模式比較

「臺灣省國民學校教師研習會」探究教學課程實驗工作小組成員的秦葆琦（1989a），便曾經調查這項課程實驗教學的結果，並且發現這個課程實驗方案的影響，比傳統教學更能培養更好的學習態度與生活習慣，而且根據學生興趣與能力，所安排的各種活動可以鼓舞學生動機去學習並拓展其能力。「臺灣省國民學校教師研習會」課程實驗工作小組的另一位成員回應指出：臺灣省國民學校教師研習會課程實驗的工作小組，比較參與課程實驗與未參與實驗的學生之學習結果，發現參與課程實驗的學生表現優於其他學生（受訪者J, 4）。

另外，柯華葳和秦葆琦（1986）進行社會科課程實驗對學童社會能力影響之研究，特別是如圖6.1臺灣省國民學校教師研習會（1992）也曾經實施國民小學兒童社會科知能評量之研究調查，以判斷社會科課程實驗在學生社會行為能力方面的影響，而且發現這個課程實驗對於學生社會行為的影響優於傳統教學。

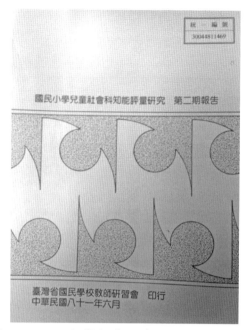

✿圖6.1 國民小學兒童社會科知能評量之研究

五、第五種方法形式的課程實驗之評鑑是根據學生學習評量的結果來修訂教科書

　　學生學習評量，乃是「臺灣省國民學校教師研習會」國小社會科課程實驗的形成性課程評鑑之一部分，「臺灣省國民學校教師研習會」探究教學課程實驗工作小組的一位成員認為：課程實驗的工作小組會去評鑑學生，並且看看學生是否能達到目標和目的。假如學生們可以達到目標，是再好不過，假如學生不能達到目標，課程實驗的工作小組就必須去瞭解問題是否出在教科書、或是教師、或是學生身上，而且課程實驗的工作小組將會對課程實驗有進一步更多的瞭解（受訪者A, 2）。

　　「臺灣省國民學校教師研習會」探究教學課程實驗工作小組所進行的課程實驗評鑑，不是單憑著統計數字、數學公式的交叉分析，而且還包括來自於實驗教師的回饋。特別的是「臺灣省國民學校教師研習會」課程實

驗的工作小組，根據學生學習評量的結果來修訂教科書，經由透過學生學習評量與實驗教師的回饋意見，「臺灣省國民學校教師研習會」課程實驗的工作小組，便可以知道學生有沒有學到什麼，學生有沒有達到課程目標（受訪者A, 9）。

六、第六種方法形式的課程實驗之評鑑是邀請實驗教師針對教法與教材進行評論，改善教師手冊、學生習作與教科書

　　同時「臺灣省國民學校教師研習會」探究教學課程實驗的工作小組，還設計評鑑形式，邀請實驗教師針對教法與教材進行評論，以改善教師手冊、學生習作與教科書。然而，這個評鑑在課程實驗過程中是形成性的評鑑，在整個課程發展過程中，「臺灣省國民學校教師研習會」探究教學課程實驗的工作小組並沒有系統性的實施課程評鑑，因為「臺灣省國民學校教師研習會」探究教學課程實驗工作小組，假定板橋模式是十分科學化與系統化的，所以在實施過程中，應該沒有什麼問題。因此，為了瞭解課程目標與教材安排的適用性，其課程評鑑的焦點都聚焦在學生的學習結果之上（受訪者J, 4）。本書作者將在下一節對此有更進一步的分析與評議。

第二節　課程實驗之評鑑的評議

　　就課程實驗之評鑑的評議而言，「臺灣省國民學校教師研習會」探究教學課程實驗，透過內部人員進行課程實驗的評鑑，改進課程實驗；但是，「臺灣省國民學校教師研習會」忽略了整個課程實驗歷程的評鑑；探究教學課程實驗的課程目標被視為理所當然，而未加批判反省；而且家長抗議課程實驗學生使用無字天書般的教科書，不利於新式多元評量的課程評鑑之進行；「臺灣省國民學校教師研習會」探究教學課程實驗；缺乏強而有力的理論基礎的支持，因此整體課程實驗教材架構並不穩定；此外也甚少進行外部的專業課程評鑑。

一、透過內部人員進行行政評鑑，改進課程實驗

「臺灣省國民學校教師研習會」板橋模式探究教學課程實驗，著重於以改進課程爲目的之發展形成性評鑑（Cronbach, 1963），此種重視形成性的課程實驗評鑑方式，似乎政府的「行政科層評鑑」的官僚控制力是比較薄弱的，教育專業人員與課程研究發展權責機構有較大的空間研擬調整修正實驗課程，政府則顯得相當尊重課程研究發展權責機構的專業自主性（Simons, 1971, 119）。「臺灣省國民學校教師研習會」板橋模式探究教學課程實驗本身有帶頭作用，既有由上而下的行政模式的性質，亦有由下而上的草根模式的意味（Havelock, 1971a; 1971b），其課程實驗參與人員包括基層教師、學者專家及課程研究人員（Marsh & Huberman, 1984）。「臺灣省國民學校教師研習會」探究教學課程實驗決定程序，是由上而下的模式，其優點是課程決定過程較嚴謹，係在準科學的課程實驗控制下實施，實驗結果可用在實際的學校環境，可避免課程內容與實施時的差距，並及早修改課程（Grobman, 1970），在新課程實驗的發展上，充分結合了教師的興趣、需要與行政資源。但是，其缺點是採取新的課程若沒有充分溝通則容易遭到誤解（Norris, 1991）。

「臺灣省國民學校教師研習會」探究教學課程實驗評鑑的模式，重視一種內部形成性評鑑模式（Cronbach, 1963），在課程實驗研擬之初隨即試教，然後進行由下而上的教師參與討論、教室觀察、問卷調查、學生對學習的評量等等資訊，以作爲課程實驗改進的回饋，這種由下而上的課程實驗之評鑑方式，是「透過評鑑改進課程」（course improvement through evaluation）（Cronbach, 1963），實驗教材（pilot materials）測試的結果居於改進課程的主導地位，如此透過不斷的修正試驗，改良的過程使課程更適於教室中的教師使用（蔡清田，2001；2006；2016）。

「臺灣省國民學校教師研習會」探究教學課程實驗的評鑑，到底是有助於課程實驗方案發展的過程？亦或是有助於瞭解新課程實施的成效？由於政治因素的影響，過去臺灣的課程就如同是政治的附屬品，課程政策是必須配合政府政權的需要，課程改革源於國家政府而不在於學校和教室

的層次，政府權威控制著課程，即使國家統編的教科書內容並不恰當，但也不容許師生有任何的質疑與探究，因為若是對教科書存有懷疑，將對政府的政權有所威脅，可能危及當時並不安定的社會，所以採用此種由「臺灣省國民學校教師研習會」所進行的探究教學課程實驗，缺乏外部獨立評鑑，而只考量政治需要的方式來評鑑課程實驗。是以「臺灣省國民學校教師研習會」板橋模式探究教學課程實驗，仍只限於內部評鑑，而忽略了其他層次的評鑑，教師與教育人員仍受限於照國家規定的「課程標準」進行教學，學校教師不能充分發揮教師的專業自主權依實際教室中的需要設計適合學生的課程，而其評鑑的焦點仍舊是「課程標準」所規定的課程目標，教育部訂所規定的課程目標達成與否最為重要，對於教育部訂定課程目標之外的形成發展性的目標，則付諸闕如，更別說是針對地域性所發展的地方獨具特色的課程與教材教法。

但是，課程實驗的成功與否，與課程改革的每個層次都有相關，所以宜針對課程實驗的每個層次進行評鑑，而不是只專注在某一方面（歐用生，1989）。特別是「臺灣省國民學校教師研習會」檢討板橋模式探究教學課程實驗的影響，並實施一項包含了教室觀察、和教師的討論、問卷調查與學生學習評量做為回饋，以作為改進課程發展的「行政科層評鑑」（MacDonald, 1974, 17）。它的特色類似於Norris（1990）所說的形成性評鑑，即內部性的、合作性的、持續性的，且把焦點放在對課程發展有幫助的資料蒐集上，它亦近似於Cronbach（1963）所說的「透過評鑑改進課程」（course improvement through evaluation）。「臺灣省國民學校教師研習會」探究教學實驗教材的測試結果，將可提供課程實驗工作小組，進行進一步的課程改進（黃光雄、蔡清田，2015），其假定是實驗教材可透過試驗與實驗修訂（Bruner, 1960; 1966; 1967），而這些修訂的教材將是更好的教材以提供學校教師去使用，這也類似透過「教師即課程設計者」的作法（蔡清田，2016；Clandinin & Connelly, 1992）與相當接近「教師即研究者」的課程實驗理念（Stenhouse, 1975; 1980; McKernan, 2008）。

二、忽略了課程實驗歷程的整體評鑑

在「臺灣省國民學校教師研習會」板橋模式探究教學課程實驗中，有各式各樣的教學活動與多元的評鑑方式。學習的評鑑，不僅是依據借調教師所設計並經研究人員所修訂的紙筆測驗，還包括觀察與問卷調查（周經媛，1989，7）。但是，這個「臺灣省國民學校教師研習會」探究教學課程實驗的缺點之一，在於評鑑太過主觀。一位實驗教師便明確地說：這個課程實驗的缺點之一在於評鑑太過主觀，尤其是一、二年級學生並沒有實施紙筆測驗。它主要依賴教師的記憶，去記錄學生的行為與表現。假如想要認真的做這件事，教師必須要每一節都要馬上寫下紀錄，然而，這是非常浪費時間，而且也帶給教師相當多的困擾。因此，有時候教師會偷懶，並且會儘快地加以完成（受訪者I, 2）。

除此之外，「臺灣省國民學校教師研習會」板橋模式探究教學課程實驗本身也有問題，特別是評鑑只限於針對課程實施加以評鑑，並沒有針對於課程實驗設計加以整體評鑑。在「臺灣省國民學校教師研習會」板橋模式探究教學課程實驗的評鑑，只有針對課程實驗期間加以評鑑，過了課程實驗期就不再有追蹤評鑑。而且這些評鑑，主要由「臺灣省國民學校教師研習會」板橋模式探究教學課程實驗的內部人員執行，即「臺灣省國民學校教師研習會」探究教學課程實驗工作小組所進行的評鑑，特別是課程實驗工作小組所進行的評鑑只有強調學生學習結果與教材修訂的評鑑，而且「臺灣省國民學校教師研習會」探究教學課程實驗工作小組，往往只強調此模式的優點（臺灣省國民學校教師研習會，1987；受訪者A；受訪者J）卻漠視了它的缺點。到底這個課程實驗只進行有限制的評鑑，會有什麼樣的影響？他們有要求更多的批評、問卷調查與獨立評鑑嗎？

「臺灣省國民學校教師研習會」探究教學課程實驗工作小組，一個單元接著一個單元進行課程內容的評鑑，作為修訂課程的依據。他們非常瞭解課程發展的過程，然而，他們涉入這個模式太深，以至於無法客觀地進行自己的課程評鑑，並難以啓齒這個模式的缺點（受訪者E, 2）。「臺灣省國民學校教師研習會」探究教學課程實驗的內部人員，忽略了整個課程

實驗歷程的評鑑。這個課程實驗本身也缺乏一個外部的評鑑。

三、課程目標被視為理所當然而未加批判反省

「臺灣省國民學校教師研習會」探究教學課程實驗的「民族精神教育」的課程目標被認為是理所當然與不必質疑的，他們的目標被設定之後，就是一成不變的。這呼應了「由屠炳春口述史探究解嚴前小學社會科教科書的發展」一文的結論，指出解嚴前社會科教科書傾向社會適應論與學科課程論，以及解嚴前教科書是「國家意識」的產物（周淑卿、章五奇，2014，1）。因此，「臺灣省國民學校教師研習會」所進行的評鑑，只關心次級目標與和特定單元有關的特定目標。「臺灣省國民學校教師研習會」探究教學課程實驗內部人員，所執行的是以目標為本的課程評鑑，而非過程評鑑。根本就沒有針對課程實驗的整體基本目標、社會科課程實驗的特色等等進行評鑑。

「臺灣省國民學校教師研習會」板橋模式探究教學課程實驗採取內部人員的方法，但是仍是不情願的允許外部人員進行課程評鑑，而且評鑑只限於針對實施進行評鑑，而非針對整體課程設計，因為「臺灣省國民學校教師研習會」探究教學課程實驗所建立的課程目標，被當成是理所當然，而且一開始就定調不再變更。「臺灣省國民學校教師研習會」探究教學課程實驗的評鑑，所關心的是次要目標及和特定教材單元有關連的特定目標，並未針對整體課程實驗的根本目標、社會課程的特色方法與內容之變革等等進行評鑑（Cornbleth, 2000; Grobman, 1970; Stein, 2004; Symcox, 2002）。

四、家長抗議課程實驗學生使用無字天書般的教科書，不利於新式多元評量的課程評鑑之進行

誠如本書上一章所指出的，當家長抗議參與課程實驗的學生沒有教科書可使用時，「臺灣省國民學校教師研習會」探究教學課程實驗工作小

組，就必須設法編出教科書以應學生使用。甚至，當「臺灣省國民學校教師研習會」探究教學課程實驗的課程設計者，編輯出文字不多、如漫畫書一般的教科用書時，也同樣飽受家長的批評。一位教師培育者解釋著說：在板橋模式課程發展的一開始，國小一、二年級學生是沒有教科書可用的。由於家長們的反對，臺灣省國民學校教師研習會課程實驗工作小組只好編輯教科書給學生。然而，在這本教科書中大部分是圖畫，只有很少的文字，看起來實在有點像漫畫書，因此被批評為像一本「無字天書」（受訪者P, 1）。

在「臺灣省國民學校教師研習會」探究教學課程實驗，這個課程實驗的教學活動設計，要求教師本身必須靠自己設計部分教學支援輔助教具，並要求學生尋找地圖、圖片及其他類似資源單元的參考資料（黃光雄、蔡清田，2015）。然而，教師本身忙於教學而無法自製教具，而且常常要求希望獲得更多的教學支援輔助教具的支援，因此經常抱怨教學支援的輔助教具不夠。同時，學生往往也被要求要進行蒐集資料並且要求家長參與學生的家庭作業。但是，家長往往抱怨他們太忙以致於沒有時間去參與學生學習作業，因此，不利於新式多元評量的課程評鑑之進行。例如，一些社會科單元的習作，要求學生去蒐集資料以瞭解劉銘傳先生對臺灣的貢獻。學生因此要求父母協助他們蒐集資料，然而，家長太忙，以致於沒有時間幫忙完成學生的家庭作業，所以家長們怨聲載道。而且家長認為幫助學生學習是教師的責任，並不是家長的責任（受訪者P, 1）。

五、缺乏強而有力的理論基礎的支持，因此整體課程實驗教材架構並不穩定

在這個課程實驗方案的一開始，「臺灣省國民學校教師研習會」探究教學課程實驗研究委員會並沒有勾勒出國民小學六個年級的全部課程大綱。這些教材對於低年級來說沒有什麼問題，因為它們已經接受過實驗教學，而且課程設計者是在實驗教學的基礎上去修訂的。然而，它的缺點在於缺乏一個有系統的規則與組織核心（Grobman, 1970），而且在這個板橋

模式中並沒有連貫的知識系統。這是因為他們根據課程目標發展個別單元時，並沒有一個完整的知識結構。通常比較嚴謹的課程實驗有下列程序：(1)根據明確目標選擇課程教材；(2)依循心理學原則，將教材編制成教學單元；(3)在實驗的條件下試驗課程；(4)依據教室現場的證據回饋重新組織教材，並且再次進行教學與學習的實驗；(5)教學、觀察、檢驗與重新組織的歷程持續進行，直到獲得滿意結果（Gillet & Reavis, 1926）。

　　一位「臺灣省國民學校教師研習會」探究教學課程研究人員便抱怨道：板橋模式的一大缺點是，當它發展一年級學生第一學期的教科書時，並沒有考慮到一年級的第二學期教科書內容要涵蓋些什麼，他們只是把所有的片段都放上去，而且這些教科書是不完整的，就像一盤散沙一樣。在板橋模式的課程發展中並沒有一個穩定性的架構做為藍圖（受訪者O, 7）。

　　在中、高年級的教材中有一些嚴重的問題。根據一位臺灣省國民學校教師研習會課程實驗工作小組的成員表示：當我們發展三年級的教材時，我們一無所持，缺乏強而有力的理論基礎的支持，因此整體課程實驗教材架構並不穩定。我們只能拿出經過研究委員會討論的課程大綱與教學進度表草案作為參考。由於這個草案未經研究委員會決定，並且缺乏理論依據，在工作小組之間並沒有共識，而且工作小組之間對於三年級需要什麼樣的教材問題一直爭論不休。在工作小組的我自己體驗到這種對峙與對於教材的不確定感（周經媛，1991，2）。教師手冊也有同樣的缺點，根據一位身為「臺灣省國民學校教師研習會」探究教學課程實驗「編輯小組」成員的教師表示：教師手冊只有教學範例的建議，因此，教材架構的分析不夠深入。它並沒有呈現一個單元和另一個單元之間的關係，也沒有解釋選擇與組織教材的原則（受訪者L, 2）。

　　為什麼教材選擇與組織不是依據科目本身的邏輯呢？教師如何整合與連結這些單元呢？課程的原則與要素是什麼呢？什麼種類的概念與知識在課程中應該被教導？課程目標與教材之間的關係是什麼呢（黃光雄、蔡清田，2015）？在「臺灣省國民學校教師研習會」社會科探究教學課程實驗，這一切似乎並不是很清楚明確的。一位課程研究者便指出：在這個

社會科課程實驗中缺乏一個核心概念，課程實驗的架構並不穩定。他們根據嘗試與錯誤，來進行規劃與改進架構，他們首先選擇教材的內容，並且試著發掘在教材中的概念，但卻忽略了課程選擇的原則。這套實驗課程，誤將方法手段當成最終的目的，而且傾向於注意膚淺的表面，而忽略了重要的實質內涵。臺灣省國民學校教師研習會國民小學社會科課程實驗工作小組，靠著好運氣來發展實驗課程，而非事前謹慎小心的仔細研究規劃課程實驗的發展歷程。他們無法保證在課程發展的下一階段不會有任何問題（受訪者D, 1）。

六、甚少進行外部的專業課程評鑑

「臺灣省國民學校教師研習會」板橋模式探究教學課程實驗，甚少將外部的專業評鑑人員納入課程實驗小組（郭昭佑，1999；陳美如，2001），即使有，亦僅僅著重在課程實驗的總結性評鑑階段（黃政傑，1987；黃嘉雄，2010）。「臺灣省國民學校教師研習會」透過少數實施的形成性評鑑方案，僅要求教師試用教材教法並提出回饋意見，「臺灣省國民學校教師研習會」的內部評鑑人員，對於課程實驗小組成員間之互動、課程實驗工作程序、工作歷程和品質均未加以評鑑（蔡清田，2001；Clandinin & Connelly, 1992; Stenhouse, 1975; 1980）。在總結性評鑑方面，「臺灣省國民學校教師研習會」探究教學課程實驗工作小組，往往只重視學生學業成就分數，對於課程實驗方案造成的師生角色轉變、教室內師生互動、教學後師生的感受等，似乎較不關心。而這些課程實驗的深層問題（Marsh & Huberman, 1984; McKernan, 2008），均有待培養足夠的優質評鑑人員才能有效地改進（黃政傑，1991）。

未來課程實驗的改進之道，可能在於超越數字遊戲，採用變通式評量，不僅重視結果，更重視過程。不鼓勵唯一答案，鼓勵學生面對複雜的開放的情境，化隱含的為明顯，使非正式的變正式的，多元化的評鑑，評量技巧除了傳統的測驗、量表、問卷之外，更深入地使用晤談、觀察、日記、文件分析、自評等，並擴充評鑑內涵，要兼顧各種評鑑的層面，因各

層面所關心的問題，知識形式、評鑑工具和技巧各不相同，所以兼顧才能完全瞭解課程實驗的評鑑全貌（蔡清田，2008）。例如實踐的評鑑，評鑑者滲入被評鑑者的世界，展開公開的對話，這樣才能將蘊涵在課程教材教法表象之下的那些不被質疑的社會文化價值假定與沉澱的意識型態揭發出來（蔡清田，2016）。甚至，進行課程實驗的內在評鑑，透過課程實驗情境之中的課程參與者的文化、價值與信念，進行描述分析批判與詮釋評鑑，深入探討教師、學生、家長與行政人員之課程教學情境的生活世界意義（黃光雄、蔡清田，2015）。

第七章　課程實驗之結論

在臺灣實施「實驗教育三法」鼓勵教育實驗創新的新環境之下，本書作者運用了課程研究的回溯觀點（Pinar, 2015），指出過去臺灣的「課程綱要爭議」，特別是「101高中課綱」與「103高中課綱」之爭議、「檢核小組」與「黑箱課綱」之爭議、「課綱微調」與「課綱違調」之爭議、「中國意識」與「臺灣意識」之爭議、「中國國民黨」與「民主進步黨」之爭議、「中國化」與「臺灣化」之爭議、「中國本位」與「臺灣本位」之爭議等，同時以「臺灣省國民學校教師研習會」進行的社會科探究教學「課程實驗」為例進行探究分析，並運用課程研究的前瞻觀點，以尋找課程綱要爭議的出路，因應「以國民學習權取代國家教育權，實現以學習者為中心的教育。」，強調學生才是教育主體，國家必須以學生學習為中心，重新調整新的教育體制，並透過「課程實驗」改變教師從過去傳授的角色，調整成為協助學生「自主行動」的引導者（教育部電子報，2016.5.21）。

「課程實驗」（蔡清田，2016），不只是一種緩進的「課程改革」，更是一種解決「課綱爭議」的途徑（蔡清田，2016；Pratt, 1994），尤其是「實驗」乃是研究的一種方法（王文科、王智弘，2015；柯華葳，1995），可讓教育人員研發「強大而有力量的知識」（Young, Lambert, Robert & Robert, 2014），嘗試採用新的內容與方法以考驗課程行動中的理念（蔡清田，2016），進一步在真實教育情境中進行小規模試驗並求改進可行性與效用性（吳明清，2015），以協助解決問題與爭議（黃光雄、蔡清田，2015；Au, 2012；Elliott, 1991; Stenhouse, 1980）。因此，本書作者特別指出解嚴前的1978年（民國67年）至1987年（民國76年）期間臺灣課程實驗黃金年代，「臺灣省國民學校教師研習會」進行的社會科探究教學「課程實驗」，同時併呈「中國化」與「臺灣化」的文化認同以及「中國本位」與「臺灣本位」的兩種史觀意識型態，進而分析此一「課程實驗之規劃的途徑」、「課程實驗之變革的本質」、「課程實驗之發展的歷程」、「課程實驗之推廣的策略」及「課程實驗之評鑑的方法」，並從評議的觀點檢視「臺灣省國民學校教師研習會」社會科探究教學「課程實驗」的時代意義，前瞻未來課程改革的教育價值。

本書歸納總結「課程實驗」的七項重要論點，一、前瞻未來透過課

程實驗，可鼓勵教育創新與翻轉教學以化解意識型態的對立，尋找「課綱爭議」的出路，因應未來「以國民學習權取代國家教育權，實現以學習者為中心的教育。」；二、「臺灣省國民學校教師研習會」的探究教學「課程實驗」，在特定時空的政治社會文化情境之下，可從其「課程實驗之規劃」、「課程實驗之變革」、「課程實驗之發展」、「課程實驗之推廣」與「課程實驗之評鑑」等面向，進行課程實驗的回溯分析與評議，並前瞻未來的課程改革；三、「臺灣省國民學校教師研習會」的「課程實驗之規劃」，採取由上而下的課程規劃途徑，企圖融合了傳統中國社會文化之「民族精神教育」與現代美國社會文化探究教學之「民主精神教育」的課程規劃之文化選擇，而形成特定時代下「神祕」複雜多變難以捉摸，產生「文化認同」／「國家認同」之混淆，引發「中國化」／「中國意識」／「中國本位」與「臺灣化」／「臺灣意識」／「臺灣本位」彼此矛盾衝突對立抗爭的「新中國／臺灣精神」或「新臺灣精神」之課程規劃；四、「課程實驗之變革」，反映出教材教法變革表象之下，一種對國家認同的不確定感與一種建立強烈關注「愛國主義」意識型態的社會文化價值深層結構之變革，但此種「課程實驗之變革」，一方面出現傳遞「民族精神教育」與引進「民主精神教育」兩種意識型態之間的衝突，另一方面也深深隱含著「民族精神教育」課程目標與「探究教學」鼓勵批判思考方法的「民主精神教育」兩者之間的矛盾本質；五、「課程實驗之發展」，透過教師發展教材原型與教學活動的草稿，教師具有研發教材原型的「課程設計」能力，已經具備「教師即課程設計者」的雛型，但是，由於實驗教師在各地方的實驗學校內部單兵作戰單打獨鬥，不利於課程實驗之發展，因此課程實驗之發展的歷程中，似乎徒有創新之名，卻沒有帶來實質的變革，教師似乎只是「臺灣省國民學校教師研習會」課程實驗的研究助理，而非眞正能獨當一面的「教師即研究者」或「教師即課程行動研究者」；可見課程實驗之發展的歷程，需研發配套措施以提升教師的課程發展專業素養，以同時營造成功課程實驗之發展與教師專業發展；六、臺灣省國民學校教師研習會的「課程實驗之推廣」，包括中央到邊陲模式的課程推廣策略，強調國家規劃「民族精神教育」的課程目標與「探究教學」的教材

教法之推廣；特別強調兩週住宿「臺灣省國民學校教師研習會」的研習與「開學前」及「學期中」研討會，可協助參與課程實驗的教師和其他成員進行專業接觸，交換新課程的理念及實務，這對課程推廣的成功是相當重要的；而且學校校長強而有力的行政支持，則是課程推廣的重要條件；七、臺灣省國民學校教師研習會「課程實驗之評鑑」，著重教師手冊、學生習作與教科書等課程內容修改過程的形成性評鑑，課程實驗工作小組進行好幾種方法形式的評鑑，並根據學生學習評量的結果來修訂；透過內部人員進行行政評鑑，改進課程實驗；忽略了整個課程實驗歷程的評鑑；「民族精神教育」的課程目標被視為理所當然而未加批判反省；家長抗議課程實驗學生使用無字天書般的教科書，不利於新式多元評量的課程評鑑之進行；而且由於課程實驗缺乏強而有力的理論基礎支撐，因此其整體課程實驗教材架構並不穩定，前瞻未來可持續加強外部的專業課程評鑑，以提升課程實驗的品質。茲分項說明如次。

1.前瞻未來透過課程實驗，可鼓勵教育創新與翻轉教學以化解意識型態的對立，尋找課綱爭議的出路，因應未來「以國民學習權取代國家教育權，實現以學習者為中心的教育」

　　一方面，「課程綱要」屬於牽涉價值觀的重大教育決策，社會各界有往往不同期待，必須建立在「透明」的基礎上，經過充分與全面性的檢討和討論，讓彼此間能夠有些協調妥協，特別是讓學生「民主參與」課程綱要審查的機制，讓課綱成為民主教育的一環，打破「黑箱課綱」的迷思，讓學生有機會在討論互動的民主教育過程中，瞭解「多元史觀」，並展現理性對話和對「多元文化」的彼此尊重，增進彼此理解以化解「社會對立」與「意識型態的衝突」，跳脫藍綠政黨各自的統獨立場，進而透過批判分析與創造的深度思辨而能有嚴謹的邏輯論述，提出「理性觀點」和「同情理解」的新見解詮釋與「創新做法」，此一民主參與的機制本身就是值得肯定的「公民教育」（蘋果日報，2016.7.21）。尤其是讓學生透過參與課程綱要審議的公共政策討論，呼應《十二年國民基本教育課程綱要

總綱》自發、互動、共好的基本理念，讓學生從參與課程綱要研修審議過程中學習「民主教育」，並協助學生學習自主行動、溝通互動、社會參與等「核心素養」（蔡清田，2014）。

另一方面，甚至可以透過「課程實驗」盡力讓立足點平等、受教權平等（蔡清田，2016），特別是「課程實驗」不只是一種緩進的「課程改革」，更是一種解決「課綱爭議」的途徑，《十二年國民基本教育課程綱要總綱》的實施要點便明確指出，各該主管機關宜分析課程研發與實驗成果，以回饋課程綱要之研修（教育部，2014，32），透過教育專業去化解政治及意識型態之紛爭，可為涉及不同價值觀立場的「課綱爭議」尋找可能出路，以開放態度讓學校師生與社會大眾以理性態度面對歷史。是以，教育部2016年（105年）2月21日召開的「高級中等學校歷史課綱專家諮詢小組」第四次研商會議，針對臺灣史歷史科新舊課綱爭議點，規劃辦理高級中等學校歷史課綱專家諮詢小組專家對話論壇」，決議分別邀請相關專家學者或代表團體逐項充分討論，安排網路直播、錄影存檔及開放媒體採訪，討論後意見與觀點整理後將公告在教育部國教署首頁「高中課綱微調專區」及「歷史課綱專家小組」網路專區，供社會各界參考。教育部表示，有關歷史課綱議題，將秉持尊重差異、積極對話原則，透過實體會議及網路平臺的議題參與，採納多元的意見，使後續任務推動能臻於完善（Yahoo!奇摩新聞，2016.2.21）。特別是「面對歷史事實應釐清，對歷史觀點能包容」，讓社會更和諧，並讓課程改革回歸教育專業，建立國家課程研究發展專業透明及多元參與之永續機制。

前瞻未來，課程實驗要能永續成功實施，則必須仰賴中央、地方與學校三方面權責劃分清楚，並互相配合與協調，才有可能實現。課程實驗機制的建立需有專責機構：在中央可透過「教育部中小學師資、課程、教學與評量協作中心」整合教育部、國家教育研究院及各大學的研究資源，建立合作機制，中央必須負責提供主要財源、制訂完善的法規。「課程實驗」的機制，便是指支持上述各種課程實驗的系統性措施及方法，將分別從中央、地方及學校三個面向提出包含相關行政制度、法條規定、獎勵辦法及課程實驗途徑與回饋方式等建議。誠如本書第一章指出「課程要因應

時代和社會需要加以修訂」已經成為一個課程理論的常識，必須回歸課程學研究的專業加以探究（歐用生，1990）。

特別是解嚴之後的中華民國政府根據課程改革「一綱多本」的民主精神，企圖鬆綁過去以教育部統一編審教科書的戒嚴制度，改由教育部負責制定「課程綱要」，開放各出版商自行編寫學校教學所需教科書。特別是課程是發展而來的，課程課綱的研擬，亦復如是。因此，在「課程綱要」研修過程中，先由國家教育研究院提出草案，經由諮詢會議、公聽會、網路論壇，再經國家教育研究院課程研究發展會討論，及教育部課程審議會審查等程序，持續蒐集意見討論作為修訂參考後，再由教育部長正式公布，課程綱要研發機制似乎已逐漸步入正軌（歐用生，2010），但課程綱要研發過程仍需依據當代教育需求及最新課程學研究發現（蔡清田，2014），透過社會大眾參與論辯，以合乎臺灣未來社會發展，而且課綱內容也須由「單一觀點」轉為包容「多元觀點」課程設計理論取向的「學術典範」，以免課程綱要此一「官方知識」的國家機器，淪為特定意識型態的社會控制，甚至淪為特定政黨洗腦灌輸再製與輪迴而重蹈覆轍，是以，「課綱爭議」的出路似乎有待透過「課程實驗」，引導學生探究思考「多元價值」觀點，並透過系統思考與解決問題、多元文化與國際理解的國家認同等「核心素養」（蔡清田，2015），以便能積極地對抗霸權，化解衝突對立並促進社會發展；因此，本書作者以「臺灣省國民學校教師研習會」進行社會科探究教學「課程實驗」作為一個課程研究案例，以臺灣在中西文化衝擊之下，透過教育改革，特別是透過課程改革強調不同程度的傳統中國文化「民族精神教育」與現代西方文化「民主精神教育」以圖求社會生存途徑的「新中國／臺灣精神」或「臺灣精神」，並從課程學概念的新論點（蔡清田，2016），探究其「課程實驗」相關策略，冀能找出有效解決「課綱爭議」的出路。

2. 臺灣省國民學校教師研習會的探究教學課程實驗，在特定時空的政治社會文化情境之下，可從其課程實驗之規劃、課程實驗之變革、課程實驗之發展、課程實驗之推廣與課程實驗之評鑑等面向，進行課程實驗的回

溯分析與評議，並前瞻未來的課程改革

　　本書作者描述分析此一「臺灣省國民學校教師研習會」課程實驗所處的大時代社會政治經濟文化背景脈絡，指出「戒嚴時期」中國國民黨執政的「中華民國」政府，一方面藉由外交途徑接受了美國軍事援助與政治支持協防臺灣安全，另一方面則透過臺灣內部學校教育的「民族精神教育」與愛國教育，以抵抗「中國共產黨」要血洗臺灣之軍事恫嚇，特別是「中華民國」臺灣學校教育的「民族精神教育」，一直都是左右臺灣解嚴之前的「課程標準」與學校教科書之重要教育思潮（陳伯璋，1987；歐用生、楊智穎，2011），這呼應「由屠炳春口述史探究解嚴前小學社會科教科書的發展」一文結論指出，解嚴前社會科教科書是「國家意識」的產物（周淑卿、章五奇，2014，1）。

　　特別是本書第一章指出1949年（民國38年）是一個動盪時代政治社會下的「國家認同」／「文化認同」的歷史轉捩點，中華民國政府播遷來臺灣之後，有部分國人認為自己是「中國人」，和中國大陸人民共同分享同一個中國都是中華民族「龍的傳人」；又有部分國人認為自己才是真正繼承中華文化的中國人（「新中國人／臺灣人」）；另有部分國人認為自己是「新臺灣人」。歷經「戒嚴時期」臺灣海峽兩岸軍事對抗與政治鬥爭，「中華民國」政府臺灣強調「民族精神教育」主張反攻大陸、光復國土「以三民主義統一中國」，中國大陸的「中華人民共和國」則遵奉「中國共產黨」主張「反分裂」更不惜以武力犯臺、血洗臺灣，似乎雙方都是強調「一個中國」的大中國主義意識型態傾向「終極統一」的政治立場；然自蔣經國總統於1987年（民國76年）解除戒嚴後，臺灣海峽兩岸自1949年長久以來「政治對峙」與「軍事對立」關係漸趨和緩，臺灣人民與中國大陸同胞往來越趨頻繁，經濟貿易與教育文化交流也日趨熱絡。但是令人難掉以輕心的是早在2000年（民國89年），臺灣選民票選出第一位民主進步黨的中華民國總統之前，中國大陸當局就已將數以百計的飛彈瞄準臺灣，這種武力威嚇，應驗了1996年（民國85年）「中國人民解放軍」對臺灣發射三枚飛彈的事件，而且當時美國也如「守護神」派出兩艘航空母艦巡防

臺灣，形成臺灣海峽的波濤洶湧與兩岸對峙的緊張關係形勢驟然升高。直到2008年（民國97年）臺灣選民票選出「中國國民黨」的馬英九先生當選爲中華民國總統，臺灣與中國大陸正式進行通郵、通商、通航，共同簽署了有關兩岸經濟、民生、社會等九項協議，兩岸經濟交往走向正常化，兩岸同胞交流取得實質性進展，兩岸關係似乎展現「政治對峙」邁向「和平發展」的新局面。似乎臺灣海峽兩岸之間的關係峰迴路轉有如「春暖花開」，已由軍事政治對抗，發展到良性互動和平共榮，不同於戒嚴時期的臺灣海峽兩岸政治緊張與軍事對峙。

然而，「中國威脅」也已經不僅是臺灣海峽邊境之外的飛彈威嚇、外交封殺與銀彈攻勢，攸關國家經濟發展如2010年（民國99年）6月海峽兩岸簽訂《經濟合作架構協議》，而且中國大陸又力推「紅色供應鏈」強化中國大陸科技供應鏈，對臺灣經濟威脅加劇；再加上2014年（民國103年）3月臺灣大學生藉由「太陽花學運」表達對「反對服貿黑箱作業」的訴求，以及2015年（民國104年）年7月臺灣高中生主張「多元史觀」，反對「大中國」／「中國化」／「中國本位」的單一史觀「課綱微調」，涉及臺灣內部有關「臺灣本位」v.s.「中國本位」的不同史觀，與「臺灣化」v.s.「中國化」不同政治立場「國家認同」與「文化認同」之間（in/between）的意識型態不斷鬥爭，似乎隱約流露出部分臺灣年輕人認爲自己是「新臺灣人」，臺灣是一個新的獨立國家之政治立場主張。因此，教育改革如何加以因應臺灣海峽兩岸複雜關係必須審愼以對，似乎透過探究教學的「課程實驗」，進而提升臺灣學生的國民「核心素養」（黃光雄、蔡清田，2015），已是當務之急（蔡清田，2014；2015；2016）。

3.臺灣省國民學校教師研習會的「課程實驗之規劃」，採取由上而下的課程規劃途徑，企圖融合了傳統中國社會文化之「民族精神教育」與現代美國社會文化探究教學之「民主精神教育」的課程規劃之文化選擇，而形成特定時代下「神祕」複雜多變難以捉摸，產生「文化認同」／「國家認同」之混淆，引發「中國化」／「中國意識」／「中國本位」與「臺灣化」／「臺灣意識」／「臺灣本位」彼此矛盾衝突對立抗爭的

「新中國／臺灣精神」或「新臺灣精神」之課程規劃

　　1949年之後中華民國臺灣的國民小學社會科課程，反應臺灣過去多年來的政治、社會與教育上之變革。解嚴前的1978至1987年期間「臺灣省國民學校教師研習會」的探究教學課程實驗的規劃經由分析國外社會科教育文獻與參考實徵研究以後，擬定了實驗課程的理論體系，並發展各年級教學目標和教材綱要。作者檢視「臺灣省國民學校教師研習會」板橋模式國民小學社會科探究教學課程實驗，指出臺灣學校教育所面臨的課程改革問題，反映了臺灣所處的獨特政治社會文化經濟局勢；1949年之後中國國民黨主導的中華民國政府遷移轉進到臺灣且接受了美國軍事援助與政治支持成為「反抗共產主義的精神堡壘」與「反攻中國大陸的跳板」以及「復興中華文化的基地」，並在工商經濟發展上與西方世界美國保持關係密切逐漸靠攏，進一步引進了美國文化的「民主精神教育」自詡為「新中國的自由民主的燈塔」，而且已有為數不少的中華民國臺灣人民自己認同為「新中國人／臺灣人」或「新臺灣人」而不同於中國共產黨竊據大陸的「中國人」，更想要擺脫中國共產巨焰的威脅；但是在「文化認同」，甚至是「國家認同」上，大多數1949年從中國大陸移居臺灣的「中國人」或其後第二代的「新中國人／臺灣人」，但卻都承認「他們全都是龍的傳人」，因此臺灣藉由實施「民族精神教育」極力倡導復興中華文化，甚至要反攻大陸解救大陸同胞以三民主義統一中國，而與傳統中國文化密不可分，但臺灣社會現實生活卻飽受東方巨龍的中國大陸政治經濟軍事威脅，而美國因為距離遙遠之故，往往「遠水救不了近火」，臺灣處在兩大軍事強權與政治文化霸權的衝擊影響之下，必須在夾縫中求生存發展，臺灣政府也用盡可能方法透過學校教育課程改革加以因應，而形成特定時代下「神祕」複雜多變難以捉摸，產生「文化認同」／「國家認同」之混淆，引發「中國化」／「中國意識」／「中國本位」與「臺灣化」／「臺灣意識」／「臺灣本位」彼此矛盾衝突對立抗爭的「新中國／臺灣精神」或「新臺灣精神」之課程規劃。

　　有趣的是，「臺灣省國民學校教師研習會」各種委員會的委員或工作

小組成員的代表性不足，學校或教師參與課程決策機會不多，課程決策能否公開、透明，避免受政治意識型態影響，普遍受到質疑（歐用生、黃嘉雄、白亦方，2009），這是課程決策的問題，也是「臺灣省國民學校教師研習會」課程實驗的規劃被詬病之處，有待加以改進；「臺灣省國民學校教師研習會」課程實驗透過「由上而下」的行政科層體制組織進行課程規劃，引進美國學者葛羅曼（Grobman, 1970）課程方案設計模式與美國學者畢夏普（John Bishop）之「探究教學」進行課程規劃，彰顯了西方世界的現代美國社會文化「民主精神教育」之影響；可見「臺灣省國民學校教師研習會」探究教學課程實驗的課程規劃受到臺灣社會本土之外的中國共產黨、美國兩大軍事強權與政治霸權的教育文化之影響，企圖融合中華民國傳統「民族精神教育」與西方美國「民主精神教育」的東西文化混合物的探究教學「課程實驗」，試圖透過民主教育環境之課程實驗教師進行探究教學，培養臺灣地區學生的探究學習方式與民主思考方式，透過傾向西方世界的美國民主主義學校教育文化思想，融合了傳統中國「民族精神教育」與現代美國「民主精神教育」，以抵抗中國共產黨的政治強權意識型態威脅，具有跨時代的「新中國／臺灣精神」或「新臺灣精神」價值，反映出一種獨特的臺灣教育主體性與民族主義文化認同，進行有別於中國大陸的學校教育課程改革（蔡清田，2016）。

　　這說明了處在「東方文化」與「西方文化」之間（in/between）不斷拉扯角力之下，「臺灣省國民學校教師研習會」透過課程實驗的改革規劃途徑，強調不同程度的傳統中國文化「民族精神教育」與現代美國文化「民主精神教育」以圖求社會生存，如同「苟日新，日日新，又日新……周雖舊邦，其命維新，是故君子無所不用其極」。就課程實驗之規劃的途徑而言，教育部指派的「臺灣省國民學校教師研習會」探究教學「課程實驗指導委員會」、「課程實驗研究委員會」、「工作小組」等等推動者，重視「民族精神教育」的課程目標之重要性，彰顯了東方世界的傳統中國社會文化之影響，在臺灣特定時代的政治社會背景下，整個中華民國臺灣地區的國民小學社會科教科書課程發展及課程規劃設計焦點，也深受中華民國政府黨國意識政治社會力量與中華民族的傳統社會文化價值影響，為

了對抗中國共產黨的軍事威脅而引進美國西方「民主精神教育」的探究教
學，在此特定時空交錯下，甚至發展出「中國化」／「中國意識」／「中
國本位」與「臺灣化」／「臺灣意識」／「臺灣本位」彼此矛盾衝突對立
抗爭的「新中國／臺灣精神」或「新臺灣精神」的學校課程。

　　就其課程規劃的文化選擇參照而言，這是臺灣企圖脫離東方世界的
傳統中國社會文化鐵幕籠罩陰影，並逐漸向西方世界現代美國社會文化的
「民主主義」意識型態靠攏，而使學校課程改革「逐漸西化」的一大步，
同時也似乎開始「去中國化」，逐漸擺脫東方暴龍的赤色火焰威脅及魔爪
控制。這是自1949年中華民國政府遷臺以來的明顯課程變革，因為在臺灣
一直就存在著一種向中國大陸文化傾斜靠攏或傾向西方世界美國民主教育
之間的緊張關係。臺灣同時存在於東方中國與西方美國這兩個政治強權的
文化帝國之間，似乎動輒得咎，必須小心謹慎因應撲朔迷離不可預測的未
來，並且同時參照選擇使用東方與西方這兩種強權的教育文化資源。這就
是為什麼在臺灣國民小學社會科「課程實驗」的規劃，存在著一股緊張對
抗的不安氣氛，這種緊張對抗氣氛反映了臺灣政治系統之下的雙軌文化參
照關係。

　　就課程實驗的規劃途徑之評議而言，「臺灣省國民學校教師研習會」
板橋模式社會科課程實驗是由教育部指定辦理的，課程實驗的指導委員會
與研究委員會都是教育部指派的。然而，教育部並沒有分配一項特定的預
算經費，以支持此項「探究教學」課程實驗的研究與發展。板橋模式本身
及其實施的過程中至少有兩個問題存在，亦即，人力資源的缺乏，特定經
費支援的缺乏，不利於課程實驗的規劃；企圖結合中國傳統文化「民族精
神教育」與美國「民主精神教育」的「探究教學」課程改革混合物的課程
規劃文化選擇。這種存在「東方文化」與「西方文化」之間的文化融合，
流露出「臺灣省國民學校教師研習會」探究教學「課程實驗」的歷史演進
並非過程平順的幸福歷程，而是動盪不安的發展，似乎顯現「被文化殖民
者」不安的後殖民知識產出（McCarthy, 1998）。

4.「課程實驗之變革」，反映出教材變革與教法變革等表象之下，一種

對國家認同的不確定感與一種建立強烈關注愛國主義意識型態的社會文化價值深層結構之變革，但此種「課程實驗之變革」，一方面出現傳遞「民族精神教育」與引進「民主精神教育」兩種意識型態之間的衝突，另一方面也深隱含著「民族精神教育」課程目標與「探究教學」鼓勵批判思考方法的「民主精神教育」兩者之間的矛盾本質

就課程實驗之變革的本質而言，「臺灣省國民學校教師研習會」探究教學課程實驗的變革，包括了由教科書中心之教學，轉移至探究教學活動；強調學生學習應來自其經驗和實際活動；強調教師放棄傳統刻板的教學和考試，發展新式教學技巧和評量；強調教學指引與教師手冊的重要性；換言之，「臺灣省國民學校教師研習會」此一課程實驗的變革，包含了「教學的變革」、「學習的變革」、「教師的變革」、「教科書的變革」、「教師手冊」等一連串變革。根據上述的五種課程變革的表象分析，「臺灣省國民學校教師研習會」板橋模式課程實驗呈現了支援課程「技術途徑」的「教材資源變革」、社會科學「文化途徑」的「教學方法變革」、中華民國觀點「政治途徑」的「社會價值變革」。「臺灣省國民學校教師研習會」此一課程實驗中有三種變革的本質。第一個改變的本質與社會價值有關，亦即中華民國的「國家認同」及「民族精神教育」與「民主精神教育」。第二個變革的本質在於教材方面，亦即「臺灣省國民學校教師研習會」板橋模式課程實驗的教師手冊。第三個變革的本質在於教育上的方法，亦即「臺灣省國民學校教師研習會」板橋模式課程實驗的「探究教學」。特別是「臺灣省國民學校教師研習會」板橋模式探究教學課程實驗的探究式教學，明顯地企圖透過引進美國科學教育家領先倡導的「以探究為基礎的教學」（inquiry based teaching）和教材設計，建議教師在課堂教學中培養「科學探究必須的能力」以及「對科學探究的理解」。在這課程中，科學探究包括：提出問題，釐清問題，設計研究，執行研究，分析資 ，分析證據，使用模式，解釋模式，以及傳達研究成果等等。在「科學探究的理解」方面，他們認為學生應該瞭解科學家如何進行他們的工作，以及關於科學本質的概念（吳敏而、黃茂在、趙鏡中、周

筱亭，2010）。

　　就社會價值的變革方面而言，「臺灣省國民學校教師研習會」探究教學課程實驗，想拋開傳統的社會價值，但在求政治上生存之上，仍反映出對於國家社會價值與民主教育的關心，這對處於中國共產黨之外在侵略威脅之下的中華民國臺灣具有重要的意義。特別是中國共產黨占據了中國大陸，中華民國政府播遷來臺灣，形成臺灣海峽兩岸的政治對峙。「臺灣省國民學校教師研習會」探究教學課程實驗是為了配合「中華民國」政府與「中國國民黨」對抗「中國共產黨」而產生的課程實驗，亦是中華民國政府在戒嚴時期強調國家認同與企圖反攻中國大陸等既定政策的最佳寫照。當時中華民國政府最重要的社會價值是求國家生存與「國家認同」，而中華民國政府的注意焦點，便集中在「民族精神教育」。「臺灣省國民學校教師研習會」探究教學課程實驗的邏輯，是透過社會科課程轉化有關「中國化但反共產主義和光復中國大陸」的政策，推行「民族精神教育」，但它並不是以「小我」個別學生的需要和興趣為焦點，而是以「大我」復興中華文化與強化中華民國的「國家認同」為核心。因此，「臺灣省國民學校教師研習會」探究教學課程實驗的有關課程規劃、變革、發展、推廣和評鑑，都可說與中華民國政府政治宣傳的教育活動媒介關係密切，而目的是要貫徹實施「民族精神教育」。特別是「臺灣省國民學校教師研習會」探究教學課程實驗的教育目標在於「培養活活潑潑的好學生與堂堂正正的愛國國民」。這種課程實驗模式仍反映出對於「國家認同」的不確定感，因此建立「愛國意識」的社會價值以對抗甚至仇視中國共產黨為第一要務，對個人潛能開展與未來發展的關切視為次要任務。

　　「臺灣省國民學校教師研習會」探究教學課程實驗，顯示「國家認同」可與某些中華民族「文化認同」的道德倫理價值觀結合。「民族精神教育」不只是一種政治教育，而且道德倫理教育更是其核心價值。特別是對生活在臺灣的某些傳統的「中國人」而言，「臺灣人」是指能遵循傳統儒家思想和實踐道德倫理價值的「中國人」。對生活在臺灣的另外有些「新中國人／臺灣人」與「新臺灣人」，則希望藉引進西方的「民主精神教育」以尋求建立一個新身分的「國家認同」及「文化認同」，但是「民

主精神教育」是需要探究教學、公開討論、批判思考等配套措施，但這些「民主精神教育」配套措施卻挑戰「民族精神教育」權威引發中國傳統價值觀念的不安。學校教育被認爲要一方面要透過「民族精神教育」確保中國傳統價值，另一方面並同時透過「民主精神教育」促進現代臺灣的民主價值觀，在這兩股力量衝擊之下，臺灣國民學校教育成爲「國家認同」／「文化認同」的課程改革戰場。

　　在「臺灣主體」意識模糊而陷入爭議的撲朔迷離情況下，「國家認同」是一個有趣而值得深入探究的問題，不僅涉及了臺灣海峽兩岸「中華民國」與「中華人民共和國」之間陰晴不定的複雜多變關係，更涉及臺灣內部的「中國化」與「臺灣化」政治立場意識型態之間的不斷鬥爭，特別是在臺灣解除戒嚴令之前，強調臺灣是中華民國的一部分，強化「民族精神教育」以培養「活活潑潑的好兒童、堂堂正正的中國人」爲目的，透過國民學校教育社會課程，一方面強調「臺灣人」就是「中國人」，另一方面也企圖培養「新中國／臺灣人」甚至「新臺灣人」的「民族精神」思想。這不僅說明了在型塑「國家認同」／「文化認同」的過程中，學校教育扮演重要的「民族精神教育」國家機器角色。「民族精神教育」與「民主精神教育」也是一場在臺灣透過國民學校教育課程進行「中國化」與「臺灣化」的政治權力鬥爭，更是臺灣社會的民主教育、文化認同與國家認同之奮鬥過程。由上可見在型塑國家認同的過程中，學校教育的確扮演重要的角色。特別是，當寫成教科書時，時常以一種「宏觀」敘述（Megill, 1995），或「綜合敘述」（Bender, 2002），所呈現的是整個國家及民族過去與現在的故事。

　　換言之，「臺灣省國民學校教師研習會」探究教學課程實驗的推動者，在當時政治社會與教育文化上，不願捨棄中華民國傳統社會文化價值，但是卻鼓勵教師個人透過「探究教學」以引導學生進行探究學習的「民主精神教育」去改進傳統的缺點，但強調的是教學方法，一種統整組織整個課程的方法，並不是讓好奇的學生自由研究他們感興趣的領域，也不是鼓勵多樣的探究方法，允許多樣的探究結果；而是比較接近「有引導的探究」。並且仍然以傳統的「民族精神教育」方式呈現課程實驗，特別

是其課程目標爲教育部所指定的「培養活活潑潑的好學生與堂堂正正的愛
國國民」，流露出在當時臺灣的特定政治情境脈絡下，最重要的是生存、
安全與國家認同，而關心個體需求則是次要的。「臺灣省國民學校教師研
習會」課程實驗的規劃，反映了此時期的臺灣社會，一種對「中國化」與
「臺灣化」甚至是「中國本位」與「臺灣本位」等兩種不同的「國家認
同」／「文化認同」意識型態的不確定感，與一種建立國家價值與強烈關
注愛國意識的社會價值（Smith, 1991）。

　　就「臺灣省國民學校教師研習會」教學材料的變革本質方面而言，當
政府的控制力量愈強，則政府愈想控制教材；深究其原因，或許是政府不
僅關注教科書的外在象徵意義的變革而且也重視實質內容的變革。透過國
家教育，教科書就如同透過「書面語言」可將主觀的「民族精神」賦予典
型形象。「臺灣省國民學校教師研習會」的探究教學課程實驗是以「教師
手冊」爲主要依據，但仍重視「民族精神教育」圖騰的教科書內容，其意
圖主要是爲了達到社會控制和維持社會穩定的目的。可見在課程內容取捨
方面，如何反映時代環境變遷，排除過時不當的教材，以容納新的內容？
如何合理考量內容的範圍、難度、分量及順序性、統整性？均有待進一步
研究。然而，另一方面，這也呼應了臺灣在社會民主化的過程中，社會科
教科書成爲許多學者研究「國家認同」變化的文本，而且有關國家認同的
教科書研究指出臺灣在社會民主化的過程中，教科書所傳遞的內容，由
「中國意識」轉變爲「臺灣意識」（宋銘桓，2004；陳敏華，2008），臺
灣的主體意識逐漸被強化（趙志龍，2008）。臺灣的社會科教科書，實際
上是反應了臺灣社會民主化過程中意識型態與「國家認同」的爭議（王甫
昌，2001），教科書在臺灣是重要的政治社會化工具（李文政，1999；施
正鋒，2003）；教科書的爭議反應的是外在政治環境中，主張不同意識型
態之群體間的勢力消長與互動關係（王前龍，2001）。

　　就教學方法的變革本質方面而言，「臺灣省國民學校教師研習會」
課程實驗混和了探究教學和國家社會價值。特別是「臺灣省國民學校教師
研習會」課程實驗在社會科學強調「探究教學」的方法，且豐富學生的社
會學習經驗和幫助學生對社會的瞭解，強調從經驗中學習和實際的行動，

如：蒐集資料、參觀、實作、角色扮演和問題解決等。這代表其學習的焦點不在學習內容，而在學習如何學習，這與社會科學的方法較接近。然而在「臺灣省國民學校教師研習會」探究教學課程實驗中，仍免不了國家價值和政治的灌輸。因此，對學生灌輸「愛國主義」和鼓勵學生有批判性思考、價值澄清和對愛國主義本質的質疑的「探究教學」是有衝突的。

就課程控制而言，我國《憲法》第一五八條明文規定：「教育文化，應發展國民之民族精神、自治精神，國民道德，健全體格與科學及生活技能。」因此，「臺灣省國民學校教師研習會」板橋模式的探究教學課程規劃，必須落實教育部既定的「國家認同」與「文化認同」的「民族精神教育」之國家政策，除一向備受重視之學科專家外，心理、課程學者、教育行政人員優秀的小學教師及板橋教師研習會研究人員等，共同組成課程實驗研究小組，進行「探究教學」課程實驗團隊工作。雖然，小學教師也參與此課程實驗的「任務團隊」編輯小組，但是實際上是由教育部長任命「臺灣省國民學校教師研習會」進行課程實驗的研究發展，而且教育部指派「課程實驗指導委員會」與「課程實驗研究委員會」來主導課程實驗的研究發展。因此，在此課程模式中，教師美其名是課程實驗「任務團隊」的小組成員，但是實際上學校教師並沒有參與課程實驗的規劃。所以此課程實驗是「由上而下」的課程改革之規劃與推動。就「推動改革的代理人」而言，教育部所轄的「臺灣省國民學校教師研習會」探究教學課程實驗及其所聘用的課程實驗指導委員會、課程實驗研究委員會委員、工作小組，這些板橋模式課程實驗「推動改革的代理人」都是經由上級政府指派處於學術指導的地位，而且地位高於一般學校校長與教師。在板橋模式課程實驗之中，中華民國中央政府的教育部對於國小社會科課程的控制力量強而直接，似乎課程規劃傾向於直接控制教師手冊、教科書產品以及和教學結果。

然而，由於「臺灣省國民學校教師研習會」課程實驗任務小組的借調教師成員快速更替，不利於教師實務經驗之累積與變革之持續推動。特別值得留意的是，板橋模式課程實驗之深層結構變革，反映出教材變革與教法變革等等表象之下，一種對「國家認同」的不確定感與一種建立強烈

關注「愛國意識」的社會價值深層結構之課程變革，這種意識型態深層結構係僞裝在「書面語言」之中（Munro, 1998），就官方課程的分析而言，「臺灣省國民學校教師研習會」課程實驗的教育目標，在於「培養活活潑潑的好學生與堂堂正正的愛國國民」。這種課程實驗模式仍反映出對於「國家認同」的不確定感，因此建立「愛國意識」的社會價值爲第一要務，對個人的關切視爲次要任務。

　　有趣的是，中華民國的學校教育如同「精神國防」，變成了對抗共產主義的一場戰爭，課程改革也成爲了中華民國臺灣社會與中國大陸共產社會的一種「民族精神教育」符號戰場。而且「臺灣省國民學校教師研習會」課程實驗的課程變革，存在著傳遞愛國主義「民族精神教育」課程目標的意識型態深層結構，與「民主精神教育」鼓勵批判思考的「探究教學」方法之間的矛盾本質。而且「臺灣省國民學校教師研習會」其課程實驗的焦點，強調以教師爲主體的「探究教學」，而非以學生爲主體的「探究學習」（Bruner, 1960），以學生爲主體的探究學習之理念（Stenhouse, 1975），或許要比以教師爲主體的探究教學之理念更爲急進，而且更爲接近西方世界的美國民主政治之教育情境脈絡（蔡清田，2016）。

5.「課程實驗之發展」，透過教師發展教材原型與教學活動的草稿，教師具有研發教材原型的「課程設計」能力，已經具備「教師即課程設計者」的雛型，但是，由於實驗教師在各地方的實驗學校內部單兵作戰單打獨鬥，不利於課程實驗之發展，因此課程實驗之發展的歷程中，似乎徒有創新之名，卻沒有帶來實質的變革，教師似乎只是「臺灣省國民學校教師研習會」課程實驗的研究助理，而非眞正能獨當一面的「教師即研究者」或「教師即課程行動研究者」；可見課程實驗之發展的歷程，需研發配套措施以提升教師的課程發展專業素養，以同時營造成功課程實驗之發展與教師專業發展

　　就「臺灣省國民學校教師研習會」板橋模式課程實驗的課程發展歷程而言，課程發展是持續進行的過程（Fullan, 1991），「臺灣省國民學校

教師研習會」探究教學能根據教師的回饋進行實驗與修正，課程實驗的推動者亦能體認課程發展的複雜，以試教及實驗來發現課程實驗過程中的問題。在「臺灣省國民學校教師研習會」板橋模式課程實驗中，由教師團體來編寫教材與教學活動，更能顧及學生的興趣與需求。課程發展要能真正落實，需要教師有意願配合，否則形同虛無。因為學生有個別差異，教室情境亦有所不同，教師須根據自己的教室經驗與觀察，加以修正、接受、或拒絕此研究假設的課程。所以教師要常以研究精神來探索教室情境，以改進教學，才對學生真正有幫助。

「臺灣省國民學校教師研習會」板橋模式課程實驗的發展模式，主要是追隨美國葛羅曼（Grobman, 1970）課程方案活動所謂準科學模式，亦即透過進行實驗教學、實驗編寫、試行教學、根據實驗教師的教學回饋，以修訂課程及擴大課程實驗，並透過使用學生學習成果的實證報告以檢證課程實驗的成效。教師參與「臺灣省立國民學校教師研習會」課程實驗編輯小組進行課程教材內容的撰寫，特別是設計能引起學生需求與興趣的教學活動。就課程發展過程中的教師角色而言，「臺灣省國民學校教師研習會」板橋模式的教師被定位為「教學活動」的發展者（developer），是選擇、組織學生經驗的「課程設計者」。「臺灣省國民學校教師研習會」板橋模式的課程發展，主要依據教師研習來形成教材與教學活動的草案。在此模式的教師被期許為教學單元內容與教學活動的發展者，類似於 Clandinin 與 Connelly（1992, 366）所謂「教師即課程設計者」，或教師是學生學習經驗的課程選擇、與組織的課程決定者（McKernan, 2008）。

就「臺灣省國民學校教師研習會」板橋模式課程實驗之發展的歷程而言，「臺灣省國民學校教師研習會」的課程實驗研究委員會，最初並沒有形成一致共識的課程大綱與教學進度表，其課程發展主要經由教師至臺灣省國民學校教師研習會參與課程實驗研習，並從受訓教師借調為「編輯小組」，加入「工作小組」組成「任務團隊」，以發展形成課程實驗之教材原型與教學活動的草稿，設計單元主題、概念架構、模組案例，而這些草稿先經過學校教師的試驗教學，課程實驗的工作小組也將這些由教師設計的教學活動單元，轉型成為教師手冊的教學指引及學生的習作手冊，最

後由課程實驗的任務團隊提報了一份課程大綱與教學進度表給課程實驗研究委員會，並根據課程實驗研究委員會議的審核來修訂實驗課程。可見教師爲實施課程之第一線專業人員，有相當的知能與教學機會進行創新課程的實踐研究，學校應鼓勵教師配合平日教學機會，進行課程實驗，並獎勵教師分享成果，提升自身與其他學校教師之專業知能（國家教育研究院，2014a）。

　　另一方面，就「臺灣省國民學校教師研習會」板橋模式課程實驗的發展歷程之評議而言，板橋模式透過課程實驗，發展教材原型與教學活動的草稿，設計單元主題、概念架構、模組案例，更進一步地探究課程發展歷程，教師具有研發教材原型的設計能力，似乎已經具備「教師即研究者」的雛型（Stenhouse, 1975），但是，由於實驗教師在實驗學校單兵作戰單打獨鬥，不利於課程發展的歷程，課程發展的歷程中，似乎徒有創新之名，卻沒有帶來實質的變革，教師似乎只是「臺灣省國民學校教師研習會」課程實驗的研究助理，而非真正能獨當一面的「教師即研究者」或「教師即課程行動研究者」；可見課程實驗之發展的歷程，需研發配套措施以提升教師的課程發展專業素養，以同時營造成功課程實驗之發展與教師專業發展。

　　前瞻未來，一方面除個別的課程實驗與研發，學校教師與教師專業社群可組成課程實驗研發的任務編組團隊，向教育部、或地方教育局進行實驗計畫的申請。實驗計畫經費的補助包括針對各領域創新或特色課程的研發實驗經費、研究人力費與業務費用。組成的團隊中，應有教育專業人員或研究人員來支持學校教師之專業發展，並協助其進行研究與評鑑等工作。另一方面，可由領域／群科／科目課程綱要研修小組帶領課程實驗與試行工作，爲確保課程綱要的理論與實務能夠結合，由課程綱要研修小組帶領課程實驗與試行工作，透過課程推動與教學支持系統、審核通過之申請學校研究團隊，研究團隊中的中小學教師，其任職之學校爲通過審核之申請學校，即自動成爲試行學校。進行實驗的教師即爲課程實驗團隊的一員，可清楚掌握教材教法設計的理念。研究團隊可根據實驗與試行的結果進行課程修正，運用「累進原則」累積課程發展經驗並回饋到國家課程綱

要內涵的修訂中（國家教育研究院，2014a）。

6.臺灣省國民學校教師研習會的「課程實驗之推廣」，包括中央到邊陲模式的課程推廣策略，強調國家規劃「民族精神教育」的課程目標與「探究教學」的教材教法之推廣；特別強調兩週住宿「臺灣省國民學校教師研習會」的研習與「開學前」及「學期中」的研討會，可協助參與課程實驗的教師和其他成員進行專業接觸，交換新課程的理念及實務，這對課程推廣的成功是相當重要的；而且學校校長強而有力的行政支持，則是課程推廣的重要條件

　　就「臺灣省國民學校教師研習會」板橋模式課程實驗探究教學課程推廣之策略而言，「臺灣省國民學校教師研習會」板橋模式課程實驗的課程推廣模式強調全國性的計畫及產生新的教材與教學方法。包括「臺灣省國民學校教師研習會」透過參與實驗的教師參與工作坊研習，設計實驗教材和教學方法活動；參與實驗的教師測試考驗由別人所已經設計出來的教材與教學活動；選擇實驗學校；安排實驗學校校長會議；參與實驗的教師於開學前參加研習會課程實驗為期兩個禮拜而且必須住宿「臺灣省國民學校教師研習會」的在職進修研習；教學材料和教學方法的溝通說明，是實驗課程推廣教師培訓課題的重要內容；教師在職進修方案，同時強調教材教法改進及培養「民族精神教育」的「良師興國」社會價值；課程實驗任務團隊與課程實驗研究委員會成員，一起訪視實驗學校；參與課程實驗的教師都必須參加區域性的教學觀摩示範工作坊與討論會，透過教學觀摩示範工作坊與討論會，和實驗教師一起討論所有的課程實驗問題。

　　特別是「臺灣省國民學校教師研習會」實驗課程推廣連續兩週必須住宿「臺灣省國民學校教師研習會」的教師在職進修研習方案的終極培訓目標，在於將參與課程實驗的教師，轉型成為有道德的良師以承擔復興國家的重要使命（教育部，1992，25），這是一種培養「良師興國」的「民族精神教育」價值觀。這也呼應了意識型態的傳遞是透過「教師即知識分子」（Giroux, 2005），以完成意識型態的複製（Apple, 1979; 1993），而

在「臺灣省國民學校教師研習會」板橋模式探究教學課程推廣之中，臺灣學校的教師更是「民族精神教育」意識型態的傳播者，這是中華民國臺灣解嚴前的1978至1987年期間，一種相當獨特而不同於西方世界的課程實驗之推廣策略。

「臺灣省國民學校教師研習會」板橋模式的課程推廣策略，類似於Schon（1971）所說的「由中心到邊陲的模式」，強調國家規劃、新教材教法生產製作的推廣。在課程推廣屬於「由中心到邊陲的模式」，除了提供位於外圍邊陲的教師有機會去參與試驗性的課程實驗，進行教材教法設計，以測試考驗課程並檢視修正課程使其更完善及打光擦亮美化之外，教師們已然知悉新課程是由專家們發展的「優質」課程，這些接受的教師似乎也被期待去「證明」與「確認」它是一個「優質」課程。就板橋模式課程推廣策略之評議而言，包括中央到邊陲模式的課程推廣，強調國家規劃「民族精神教育」的課程目標與「探究教學」的教學方法之推廣；培訓未來的培訓種子之推廣訓練方案，和其他成員進行專業接觸，交換新課程的理念及實務，對課程實驗推廣的成功是相當重要的；學校校長強而有力的行政支持是課程推廣的重要條件。

但由中心到邊陲模式會不易成功的原因是：中心無法提供邊陲教師適當的人力或資源來滿足他們的所有需求，中央無法激勵並管理來自邊陲教師的回饋，課程實驗的決策者總是低估了在決定課程產出時的學校脈絡與教師的闡釋重要性。「臺灣省國民學校教師研習會」板橋模式課程推廣限制之處，是它發生在行政科層的官僚體制結構之中，所以很少有全面性的教師在職訓練來支持課程實驗的推廣。「臺灣省國民學校教師研習會」課程實驗推廣的決定由上級政府所主導，而忽視個別學校的選擇權。另一個課程推廣不易成功的原因是「臺灣省國民學校教師研習會」並無法訓練所有的教師，而且研究發展與推廣系統的負載過重，以至於「臺灣省國民學校教師研習會」無法處理地方學校所需的教育訓練，也是造成課程實驗推廣不易成功的原因。

前瞻未來，可由領域／群科／科目課程綱要研修小組帶領課程實驗試行與推廣，為確保課程綱要的理論與實務能夠結合，由課程綱要研修小組

帶領課程實驗試行與推廣，透過課程推動與教學支持系統、審核通過之申請學校研究團隊，研究團隊中的中小學教師，其任職之學校為通過審核之申請學校，即成為「試辦學校」。進行實驗的教師即為課程實驗團隊的一員，推廣時試行學校的一般教師亦可透過此機制瞭解課程實驗的內涵。課程試行需在實施過程中及實施後，有系統的彙整試行成果，以回饋做為各領域／群科／科目課程綱要研修及後續推展的重要依據。其中除注意一般學生的學習情形外，亦需關注各班級中特殊需求學生的學習參與及反應，以作為各領域／群科／科目及特殊類型教育課程綱要研修的參考（國家教育研究院，2014a）。

7.臺灣省國民學校教師研習會「課程實驗之評鑑」，著重教師手冊、學生習作與教科書等課程內容修改過程的形成性評鑑，課程實驗工作小組進行好幾種方法形式的評鑑，並根據學生學習評量的結果來修訂；透過內部人員進行行政評鑑，改進課程實驗；忽略了整個課程實驗歷程的評鑑；「民族精神教育」的課程目標被視為理所當然而未加批判反省；家長抗議課程實驗學生使用無字天書般的教科書，不利於新式多元評量的課程評鑑之進行；而且由於課程實驗缺乏強而有力的理論基礎支撐，因此其整體課程實驗教材架構並不穩定，前瞻未來可持續加強外部的專業課程評鑑，以提升課程實驗的品質

就課程實驗之評鑑的方法而言，「臺灣省國民學校教師研習會」課程實驗工作小組進行好幾種形式的評鑑，包括評鑑的第一種方法形式是由研究人員所進行的教室觀察；評鑑的第二種方法形式，是來自研究者與教師的討論對話當中得到的回饋；第三個評鑑的方法是臺灣省國民學校教師研習會課程實驗的研究人員所設計給教師填答的問卷調查；第四種方式的評鑑是學生學習的評量，並和傳統教學模式比較；根據學生學習評量的結果來修訂教科書；第五種方式是邀請實驗教師針對教法與教材進行評論，改善教師手冊、學生習作與教科書。就課程實驗的評鑑之評議而言，「臺灣省國民學校教師研習會」課程實驗，透過內部人員進行行政評鑑，改進課

程實驗；忽略了整個課程實驗歷程的評鑑；「民族精神教育」的課程目標被視爲理所當然而未加批判反省；家長抗議課程實驗學生使用無字天書般的教科書，不利於課程評鑑的進行；而且由於課程實驗缺乏強而有力的理論基礎支撐，因此其整體課程實驗教材架構並不穩定，前瞻未來可持續加強外部的專業課程評鑑，以提升課程實驗的品質。

　　課程評鑑到底是有助於課程方案發展的過程？亦或是有助於瞭解新課程施行的成效？由於政治因素的影響，解嚴之前「臺灣省國民學校教師研習會」探究教學的課程就如同是政治的附屬品，課程政策是必須配合政府政權的需要，課程改革源於國家政府而不在於學校和教室的層次，政府權威控制著學校課程，即使教科書並不恰當也不容許任何的質疑與探究，因爲若是對教科書存有懷疑，將對政府的政權有所威脅，可能危及當時並不安定的社會，所以採用此種缺乏外部獨立評鑑而只考量政治需要的方式來評鑑課程。是以「臺灣省國民學校教師研習會」板橋模式探究教學課程實驗仍只限於內部評鑑，而忽略了其他層次的評鑑。「臺灣省國民學校教師研習會」板橋模式課程實驗，甚少將外部的專業評鑑人員納入課程實驗小組，即使有，亦僅僅著重在課程實驗的總結性評鑑階段。臺灣省國民學校教師研習會透過少數實施的形成性評鑑方案，僅要求教師適用並提出意見，「臺灣省國民學校教師研習會」的內部評鑑人員，對於課程實驗小組成員間之互動、課程實驗工作程序、工作歷程和品質均未加以評鑑。在總結性評鑑方面，「臺灣省國民學校教師研習會」的課程實驗工作小組，往往只重視學生學業成就分數，對於課程實驗方案造成的師生角色轉變、教室內師生互動、教學後師生的感受等，較不關心。而這些深層的課程實驗問題，均有待培養足夠的優良評鑑人員才能有效地改進，前瞻未來可持續加強外部的專業課程評鑑，以提升課程實驗的品質。

　　由上可見，「臺灣省國民學校教師研習會」板橋模式課程實驗，融合不同程度的傳統中國文化「民族精神教育」與現代西方文化「民主精神教育」以圖求社會生存的途徑，這種「新中國／臺灣精神」或「臺灣精神」，反映一種對「國家認同」的不確定感與一種建立「愛國主義」意識型態的強烈關注：板橋模式透過課程實驗，更進一步地探究課程發展歷

程：因為課程改革的政治社會文化情境限制，板橋模式的課程實驗，有所缺失，例如在人力資源缺乏之下，借調教師快速更替，特別是實驗教師在實驗學校單兵作戰單打獨鬥、教師憂心家長抗議課程實驗學生沒有教科書可供使用、家長抗議課程實驗學生使用無字天書般的教科書，這些基本上的一些問題都直接或間接影響這一課程實驗的進一步發展；因此必須研發策略確保課程發展與教師專業發展同時並進，以營造成功課程變革；特別是透過學校校長強而有力的行政支持是課程推廣的關鍵條件，具有課程改革的重要意義。

然而，「臺灣省國民學校教師研習會」板橋模式探究教學課程實驗中有一種模稜兩可與混淆不清之處，值得進一步探究。「臺灣省國民學校教師研習會」板橋模式課程實驗所要傳遞給學生的「民族精神教育」意識型態之「愛國主義」課程目標，與「民主精神教育」鼓勵學生批判思考、價值澄清，甚至質疑愛國情操的本質的「探究教學」方法，是互相衝突的。它明顯地強調價值澄清與反映這些價值，並且呈現了社會科教育的一種重要傳統。但是，「臺灣省國民學校教師研習會」板橋模式課程實驗也對於另一個急進的要素，「探究教學」社會行動十分感興趣。到底板橋模式課程實驗對「探究教學」社會行動的第二個聲明在實務中能被實踐了多少？值得進一步探究，有趣的是，一項板橋模式課程實驗社會科教科書內容分析指出和臺灣政府政治目的相符的包括：(1)建構一個民主社會的理念。(2)根據三民主義統一中國。(3)建立法律和秩序。這三個目標可以摘要為「民族精神教育」的民主、法律與秩序，也可以說是社會科課程的主要政治焦點，這些當時臺灣社會文化價值，是接近於灌輸的價值，而且是與一些明顯的民主自由的價值，例如「探究教學」與價值澄清等等相互矛盾衝突的本質。究竟「臺灣省國民學校教師研習會」這個板橋模式課程實驗，指出了臺灣的政治社會文化脈絡的影響？板橋模式課程實驗，看起來似乎如同舟山模式在「民族精神教育」的公民資質傳遞上扮演重要的功效，似乎只是舊瓶裝新酒（王浩博，1989）。

然而，特別值得注意的是，「課程是發展出來的，課程不是創造出來的」（吳清基，1989，3），這一理念表現在「臺灣省國民學校教師研習

會」板橋模式的課程實驗之中，特別在課程實驗的過程中，強調參與人員的群體團隊合作，集合學者、專家、優秀小學教師及研究人員共同工作，注重基礎研究及實證研究是「臺灣省國民學校教師研習會」板橋模式開創性的創舉，在我國的課程發展史上有其價值存在（秦葆琦，1989b）。就課程實驗的方法來說，「臺灣省國民學校教師研習會」板橋模式探究教學課程實驗具有下列優點，板橋模式的課程發展具有由上而下的行政模式及由下而上的草根模式之特色（Havelock, 1971a; 1971b），經由教師參與課程實驗、撰寫教科書、教師手冊，並在教室中考驗課程的教材教法，從教師立場去瞭解教師教學的需求，並提供教師研習進修與專業發展的機會，並爭取校長對課程實驗的支持，此外也經由多種不同的評鑑方式去獲得回饋資訊，這都是值得注意的。

　　但是，「臺灣省國民學校教師研習會」板橋模式的探究教學課程實驗，仍因為一些限制，而有所缺失；例如傳遞「愛國意識」的課程目標與鼓勵批判思考的「探究教學」方法之間的矛盾，在人力資源缺乏之下，借調教師快速更替，時間與經費的消耗更是所費不貲（秦葆琦，1989b），特別是實驗教師在實驗學校內部單兵作戰單打獨鬥、教師憂心家長抗議課程實驗學生沒有教科書可供使用、家長抗議課程實驗學生使用無字天書般的教科書，這些基本上的一些問題都直接或間接影響這一課程實驗。

　　特別是「臺灣省國民學校教師研習會」板橋模式的課程實驗，在臺灣特定的社會政治教育文化下有其課程改革的重要意義，尤其是臺灣在中國共產黨的軍事威脅與政治強權影響之下，在國際孤立的地位中爭取政治認同與生存空間的同時，課程實驗也難以擺脫「東方世界」的傳統中國社會文化價值之「民族精神教育」之影響，極力建立有別於中國共產黨的文化認同與國家認同，中華民國更嘗試結合東方世界的傳統中國社會文化價值之「民族精神教育」與「西方世界」的現代美國社會文化價值之「民主精神教育」的課程實驗混合物，展現出一種「新中國／臺灣精神」或「臺灣精神」；這種「神祕」難以捉摸且形成「矛盾」甚至「衝突」特質的「新中國／臺灣精神」或「新臺灣精神」學校課程，反映一種對「國家認同」的不確定感與一種建立「愛國主義」意識的強烈關注；「臺灣省國民學校

教師研習會」透過課程實驗，更進一步地探究課程發展歷程；研發策略確保教師合作，營造成功課程變革，透過中央到邊陲模式的課程實驗之推廣，強調「民族精神教育」的國家規劃之課程目標與探究教學之教材教法的推廣；兩週住宿「臺灣省國民學校教師研習會」的研習和其他教育成員進行教育專業接觸，交換新課程的理念及實務，特別是透過學校校長強而有力的行政支持是課程推廣的重要條件；透過「臺灣省國民學校教師研習會」課程實驗研究委員會內部人員進行行政評鑑，改進課程發展，皆有其顯著而令人印象深刻的課程實驗時代意義與課程改革之政治社會文化教育價值。

　　從1949年中華民國中央政府遷臺以來，臺灣地區國民小學「課程標準」與中小學「課程綱要」的制定，一直欠缺「課程實驗」的理念，雖然有所謂的「板橋模式」的課程發展，但僅限於教科書層面的研發與試用修訂與推廣評鑑，但並未將其教科書研發精神應用到國家課程綱要的研究發展之上。而且隨著《國民中小學九年一貫課程綱要》的公布和實施，中小學教科書又開放為審定制，教科書由民間出版社負責，教科書又回到過去「編輯」的老路，令人扼腕（歐用生，2010）。這正突顯了國家層次教育研究發展的「課程實驗」之重要性，也呼應了學界對建構「新板橋模式」／「三峽模式」的課程實驗研究發展之呼籲（歐用生，2011）。前瞻未來宜針對該領域／群科／科目課程綱要中重要概念作長期性有系統的研究，配合學生的學習與認知發展情形，持續性地進行創新的課程模式或教學方法實驗，可將成效良好的課程實驗結果回饋到課程發展過程，讓課程實驗不只是課綱擬定後的試行工作，更可以前瞻性地帶動下一波的課程修訂方向（國家教育研究院，2014a）。

　　一方面，2011年（100年）3月30日「臺灣省國民學校教師研習會」已歷經更名「教育部臺灣省國民學校教師研習會」及轉型為「國家教育研究院籌備處」並與「國立編譯館」及「國立教育資料館」等單位整併升格為「國家教育研究院」，建立我國課程綱要研究發展機制，積極進行「中小學課程發展之相關基礎性研究」，為下一階段中小學「課程綱要」擬訂的啓動，做好基礎性的研究準備工作，國家教育研究院（2014）公布《十二

年國民基本教育課程發展指引》與完成《十二年國民基本教育課程發展建議書》，也協助教育部（2014）研修《十二年國民基本教育課程綱要總綱》以及各領域課程綱要，構思課程銜接及課程總綱與領域科目之間的連貫統整，研擬下一階段課程架構與內涵，規劃課程實施配套措施如課程領導、教材原型發展與編寫、師資培訓、新課程教學實驗、法令規章、評鑑等，進行課程試用實驗、評估與修訂等相關研究與工作，建立課程研究發展機制。

　　另一方面，國教院從2014年（103年）6月起，已陸續組成十二年國民基本教育各領域綱要研修小組，展開各領域綱要研修工作。為廣泛蒐集各界對「十二年國民基本教育」各領域課程綱要草案之意見，以作為進一步研議之重要參據，並於104年（103年）8月18日公布第一波之領域課程綱要草案，並辦理為期45天的網路論壇，且已透過諮詢會議及分區公聽會之辦理，聽取各界的意見，期待透過公開、多元的方式，取得全民最大的共識以提出草案，再送交課審會審議，遵循課程發展、審議之專業權責分工，以維持課程發展專業性；並且透過「十二年國民基本教育課程綱要實施教材教學研發與課程轉化之研究」與「十二年國民基本教育課程綱要實施之課程轉化探究」，以及教育部2015年（104年）年7月23日公布「十二年國民基本教育課程綱要前導學校暨機構作業要點」，永續課程改革與學校課程發展專業經營，培養學生因應社會需要的「核心素養」，提升學生個人與臺灣社會及國家的競爭力。

　　惟2014年（民國103年）7月監察院馬以工、錢林慧君、周陽山、余騰芳等委員公布的調查報告指出：如何使國家教育研究院保有超然、獨立的地位，以避免政治與行政干預，應妥予研議可行之方案。特別是隨著2014年（103年）11月7日立法院院會三讀通過，且經總統正式公告教育部所制定《高級中等以下教育階段非學校型態實驗教育實施條例》（103年11月19日總統華總一義字第10300173311號令公布）、《學校型態實驗教育實施條例》（103年11月19日總統華總一義字第10300173321號令公布）以及《公立國民小學及國民中學委託私人辦理條例》（103年11月26日總統華總一義字第10300177151號令公布）等「實驗教育三法」，鼓勵教育創

新與實驗、保障學生學習權及家長教育選擇權，以落實《教育基本法》鼓
勵政府及民間辦理教育實驗的精神。特別是「課程實驗」，不只是一種緩
進的「課程改革」（蔡清田，2016），更是一種解決課綱爭議的途徑（王
文科、王智弘，2015；柯華葳，1995），可讓教育人員嘗試採用新的內容
與方法以考驗課程行動中的理念（蔡清田，2001；Stenhouse, 1975），以
協助解決問題與爭議（黃光雄、蔡清田，2015；Elliott, 1991; Stenhouse,
1980）。是以，教育部林騰蛟次長前瞻地指出應以「打破固有觀念鬆綁
限制、推動實驗教育創新課程、運用數位科技翻轉學習、城鄉共學互動分
享體驗、引入外部資源活絡教學、累積經驗擴大成果效益」等六大原則出
發推動學校辦理創新教育實驗，並在「實驗教育、教育創新」、「數位融
入、虛實共學」、「資源媒合、社群互聯」與「看見改變、典範分享」等
多元思維的架構下，規劃辦理學校型態實驗教育、試辦混齡教學、夏日樂
學試辦計畫、特色遊學、城鄉共學、規劃偏鄉國民中小學學習體驗之旅、
數學奠基活動計畫、國民中學英語及數學分組教學、大學協助偏鄉地區國
民中小學發展課程與教學、整合民間活力提升師資質量、整合民間資源推
動翻轉教室、記錄翻轉教學有成之教學歷程等，提升學生學習成效（臺灣
新生報，2015.9.20）。未來可以進一步透過領航學校的「課程實驗」研發
「強大而有力量的知識」（Young, Lambert, Robert, & Robert, 2014），找
到解決「課程綱要爭議」的出路，並且邁開大步向前走，促成國家社會的
進步。

參 考 文 獻

大紀元（2015.6.8）。全臺227校串聯反黑箱課綱微調。取自http://www. epochtimes.com/b5/15/6/8/n4453179.htm

中央通訊社（2015.6.27）。談課綱學生批摸頭吳思華：形式再檢討。取自 http://www.cna.com.tw/news/aedu/201506270258-1.aspx

中央通訊社（2015.8.6）。反課綱：退場非結束──是更多戰場的開始。取 自https://tw.news.yahoo.com/ -133028245.html

中央廣播電臺（2016.8.24）。學生審課綱、鬆綁服儀教長：體現教育本質。 取自https://tw.news.yahoo.com -105500271.html

中時電子報（2015.8.1）。臺意識興起 歷史課本回不去了。取自http://www. chinatimes.com/newspapers/20150801000925-260301

中廣新聞網（2015.8.6）。反課綱運動──課綱審議更透明。取自https:// tw.news.yahoo.com/反課綱運動──課綱審議更透明-133703976.html

反黑箱課綱行動聯盟（2015）。關於課綱微調。取自https://www.facebook. com/pages info

天下雜誌（2015.6.17）。高中教科書課綱爭議到底在吵什麼？取自http:// www.cw.com.tw/article/article.action?id=5068417

王文科（1994）。課程與教學論。臺北市：五南。

王文科、王智弘（2015）。課程領導的影響因素與精進策略。黃政傑主編教 育行政與教育發展：黃昆輝教授祝壽論文集（pp.320-335）。臺北市： 五南。

王甫昌（2001）。民族想像、族群識與歷史──《認識臺灣》教科書爭議風 波的內容與脈絡分析。臺灣史研究，8(2)，145-208。

王前龍（2000）。國民中學「認識臺灣（社會篇）」教科書中之國家認同論 述──從自由主義與民族主義的觀點來解析。教育研究集刊，45，139- 172。

王前龍（2001）。國小道德實驗課程「愛國」德目教材中國家認同內涵之分

析。國立臺灣師範大學教育研究所博士論文，臺北市。

王浩博（1989）。國小社會科新教材與政治社會化。中華民國比較教育學會主編各國教科書比較研究（pp.183-208）。臺北市：臺灣書店。

司琦（1990）。社會科教學研究與實務。臺北市：復興書局。

石計生（1993）。意識型態與臺灣教科書。臺北市：前衛。

朱敬一、戴華（1996）。國家在教育中的角色。臺北：行政院教育改革審議委員會。

江宜樺（1998）。自由主義、民族主義與國家認同。臺北市：揚智。

自由時報（2015.5.4）。《星期專訪》臺大歷史系教授周婉窈：高中微調課綱違法‧黑箱‧外行。取自http://news.ltn.com.tw/news/life/paper/877088

自由時報（2016.7.30）。蘋果樹公社開反課綱第一槍 廖崇倫：高中生改變了臺灣。取自http://news.ltn.com.tw/news/life/breakingnews/1779770

行政院教育改革審議委員會（1996）。教育改革總諮議報告書。臺北市：行政院教育改革審議委員會。

吳明清（1999）。國民教育的發展方向與重點措施。本文發表於國立中正大學87學年度地方教育輔導「國民教育革新與展望」研討會。教育部指導。國立中正大學教育學程中心主辦。1999年3月22日。嘉義民雄。

吳明清（2015）。教育決策的工具邏輯與概念思維：兼論研究與實驗的必要。黃政傑主編教育行政與教育發展：黃昆輝教授祝壽論文集（pp.31-39）。臺北市：五南。

吳敏而、黃茂在、趙鏡中、周筱亭（2010，11月）教師對「主動探 與研究」基本能力的詮釋。「全球化時代之關鍵能力與教育革新」國際學術研討會。國立臺灣師範大學教育系，2010年11月12-13日。

吳清基（1988）。板橋模式，國教聖地。師友，252期，40-41。

吳清基（1989）。國民小學課程發展的趨勢。現代教育，4(2)，3-23。

吳清基（1994）。國民小學課程發展的趨勢。載於教育部（主編），我國各級學校課程改革發展狀況（第七次全國教育會議參考資料叢書）（頁91-108）。臺北市：教育部。

呂若瑜（1994）。我國國民小學社會科課程發展之研究。未出版。國立臺灣

師範大學教育研究所碩士論文。

宋佩芬（2009）。歷史教學與國家認同。**教育研究月刊**，177，90-98。

宋銘桓（2004）。**教科書政治意識型態之比較——以「公民與道德」和「認識臺灣」為例**。國立中正大學教育研究所碩士論文，嘉義。

李文政（1999）。教科書在學校政治社會化中的功能。**國教世紀**，185，35-41。

李坤崇（2010）。高中課程99課綱與95暫綱之分析。**教育資料與研究雙月刊**，92，67-90。

李緒武、蘇惠憫（1990）。**社會科教材教法**。臺北市：五南。

周淑卿、章五奇（2014）。由涂炳春口述史探究解嚴前小學社會科教科書的發展，**教科書研究**，7(2)，1-32。

周經媛（1989）。**認識國民小學社會科新課程**。臺北：臺灣省國民學校教師研習會。

周經媛（1990）（編）。**國民小學社會科教學法專輯**。臺北：臺灣省國民學校教師研習會。

周經媛（1991）。**國民小學社會科課程發展模式**。臺北：臺灣省國民學校教師研習會。

林永豐（2012）。**高中教育階段核心素養與各領域課程統整研究**（國家教育研究院委託研究報告）。嘉義縣：國立中正大學課程研究所。

侯元鈞（2010）。解嚴前後臺灣國語文課程政策之批判論述分析。國立臺北教育大學課程與教學研究所博士論文，臺北市。

施正鋒（2003）。臺灣教科書中的國家認同——以國民小學社會課本為考察的重心。臺灣歷史學會編，**歷史意識與歷史教科書論文集**，頁29-47。新北市：稻香。

柯華葳（1983）。**中國兒童社會行為發展之研究**。臺北：臺灣省國民學校教師研習會。

柯華葳（1986）。**國民小學六年級學生概念價值之研究**。臺北：臺灣省國民學校教師研習會。

柯華葳（1995）。課程實驗——理想與實際間的互動。本文發表於國立政治

大學「邁向21世紀我國中小學課程革新與發展趨勢」學術研討會。臺北市：政大。

柯華葳、秦葆琦（1986）。社會科課程實驗對學童社會能力影響之研究。臺北：臺灣省國民學校教師研習會。

洪若烈（1986）。國民小學社會科課程理想內容之研究。臺北：臺灣省國民學校教師研習會。

洪若烈（1987）。國民小學社會科課程實驗研究計畫──第一期總報告。臺北：臺灣省國民學校教師研習會。

洪裕宏（2008）。界定與選擇國民核心素養：概念參考架構與理論基礎研究。（行政院國家科學委員會專題研究計畫成果報告：NSC 95-2511-S-010-001）。臺北市：國立陽明大學。

洪裕宏、胡志偉、顧忠華、陳伯璋、高涌泉、彭小妍（2008）。界定與選擇國民核心素養：概念參考架構與理論基礎研究。（行政院國家科學委員會專題研究計畫成果報告：NSC 95-2511-S-010-001）。臺北市：國立陽明大學。

胡志偉、郭建志、程景琳、陳修元（2008）。能教學之適文化國民核心素養研究。（行政院國家科學委員會專題研究計畫成果報告：NSC95-2511-S-002-003）。臺北市：國立臺灣大學。

孫效智（2009）。臺灣生命教育的挑戰與願景。課程與教學季刊，12(3)，1-26。

秦葆琦（1989a）。國民小學社會科課程實驗試教結果報告摘要。研習資訊第4期。臺北：臺灣省國民學校教師研習會。

秦葆琦（1989b）。「板橋模式」課程發展工作簡介。現代教育，4(2)，29-39。

秦葆琦（1994a）。國民小學社會科課程之探討與分析。臺北：臺灣省國民學校教師研習會。

秦葆琦（1994b）。國民小學社會科新課程概說。臺北：臺灣省國民學校教師研習會。

秦葆琦、洪若烈（1987）。實驗教師對社會科實驗教材的評鑑。臺北：臺灣

省國民學校教師研習會。

馬以工、錢林慧君、周陽山、余騰芳（2013.07）。監察院調查報告。取自 http://www.cy.gov.tw/AP_HOME/Op_Upload/eDoc/pdf

高涌泉、王道還、陳竹亭、翁秉仁、黃榮棋（2008）。**國民自然科學素養研究**。（行政院國家科學委員會專題研究計畫成果報告：NSC 95-2511-S-005-001）。臺北市：國立臺灣大學。

國立編譯館（1988）。**中小學教科書編輯系統之研究**。臺北：正中。

國立編譯館（1992）。**國立編譯館建館六十週年紀念專輯**。臺北：國立編譯館。

國立編譯館（1993a）。**國立編譯館簡介**。臺北市：作者。

國立編譯館（1993b）。**國民小學社會科教科書第十二冊**。臺北市：作者。

國立編譯館（1997）。**國民中學認識臺灣（社會篇）**。臺北市：作者。

國家教育研究院（2014a）。**十二年國民基本教育課程發展建議書**。臺北市：作者。

國家教育研究院（2014b）。**十二年國民基本教育課程發展指引**。臺北市：作者。

屠炳春（1989）。教科書編輯經驗。**現代教育，4(1)**，40-47。

崔劍奇（1987）。**國民小學社會科課程實驗研究計畫——第一期總報告**。臺北：臺灣省國民學校教師研習會。

張明貴（1998）。**當代政治思潮**。臺北市：風雲論壇。

教育部（1952）。**國民小學課程標準**。臺北市：教育部。

教育部（1968）。**國民小學暫行課程標準**。臺北市：教育部。

教育部（1975）。**國民小學課程標準**。臺北市：教育部。

教育部（1992）。**中華民國教育**。臺北市：教育部。

教育部（1998）。**國民教育階段九年一貫課程綱要總綱**。臺北市：作者。

教育部（2000）。**國民中小學九年一貫課程暫行綱要**。臺北市：作者。

教育部（2005）。**普通高級中學課程暫行綱要**。臺北市：作者。

教育部（2006）。**中小學一貫課程體系參考指引**。臺北市：作者。

教育部（2008a）。**國民中小學九年一貫課程綱要**。臺北市：作者。

教育部（2008b）。**普通高級中學課程綱要**。臺北市：作者。

教育部（2008c）。**職業學校群科課程綱要**。臺北市：作者。

教育部（2009a）。**普通高級中學課程綱要**。臺北市：作者。

教育部（2009b）。**綜合高級中學課程綱要**。臺北市：作者。

教育部（2014）。**十二年國民基本教育課程綱要總綱**。臺北市：作者。

教育部（2015）。**十二年國民基本教育課程綱要前導學校暨機構作業要點**（104年7月23日，臺教國署高字第1040069392B號令）。臺北市：作者。

教育部電子報（2015.7.24）。反課綱脫序 吳部長仍盼回歸教育中道理性對話。取自http://epaper.edu.tw/topnews.aspx?topnews_sn=20

教育部電子報（2016.5.21）。潘文忠部長舉行上任後的第一次記者會：以國民學習權取代國家教育權。取自http://epaper.edu.tw/mobile/topnews.aspx?topnews_sn=35&page=0

章五奇（2015）。教師自我研究取向之應用與國小社會領域民主教育之促進，**教育研究與發展期刊**，11(1)，81-108。

郭昭佑（1999）。學校層級評鑑的新趨勢——學校本位的觀點。**研習資訊**，16(5)，69-79。

陳伯璋（1987）。**課程研究與教育革新**。臺北市：師大書苑。

陳伯璋（2015，6月）。十二年國民基本教育之課程綱要研修理念之評析。論文發表於「兩岸課程與教科書發展的回顧與前瞻學術研討會」。兩岸關係和平發展協同創新中心與廈門大學臺灣研究院主辦（福建泉州訊息工程學院承辦）。2015年6月18-20日。

陳伯璋、張新仁、蔡清田、潘慧玲（2007）。**全方位的國民核心素養之教育研究**。（行政院國家科學委員會專題研究計畫成果報告：NSC 95-2511-S-003-001）。臺南市：致理管理學院教育研究所。

陳美如（2001）。教師作爲課程評鑑者：從理念到實踐。**課程與教學季刊**，4(4)，93-112。

陳國彥（2002）。**社會領域課程與教學**。臺北市：學富。

陳敏華（2008）。**我國國民中學公民類科教科書國家認同內涵之演變**。國立

臺灣師範大學公民教育與活動領導學系碩士論文,未出版,臺北市。

陳麗華(1993)。**國小實習教師的社會科推理之研究——結構與意識的辨證**。國立師範大學教育研究所博士論文。

傅佩榮(2014)。**孔子:追求人的完美典範**。臺北市:天下文化。

單文經(1999)。析論抗拒課程改革的原因及其對策:以九年一貫課程爲例。本文發表於國立中正大學教育學院主辦**新世紀的教育展望國際學術研討會**。嘉義民雄。1999年11月1-3日。

彭小妍、王璦玲、戴景賢(2008)。**人文素養研究**。(行政院國家科學委員會專題研究計畫成果報告:NSC 95-2511-S-001-001)。臺北市:中央研究院。

彭駕騂(1972)。**國校社會科教材教法**。臺北市:臺灣書店。

程健教(1991)。**小學社會科教學研究**。臺北市:五南。

黃光雄(1990)。英國國定課程評析,載於**各國中小學課程比較研究**。臺北市:師大書苑。

黃光雄、楊龍立(2012)。**課程發展與設計**。臺北市:師大書苑。

黃光雄、蔡清田(1999)。**課程設計**。臺北市:五南。

黃光雄、蔡清田(2015)。**課程發展與設計新論**。臺北市:五南。

黃有志(1995)。民族主義與族群認同。載於邵宗海、楊逢泰、洪泉湖編撰**族群問題與族群關係**,頁81-94。臺北市:幼獅。

黃政傑(1985)。**課程改革**。臺北市:漢文。

黃政傑(1987)。**課程評鑑**。臺北市:師大書苑。

黃政傑(1988)。**教育理想的追求**。臺北市:心理。

黃政傑(1991)。**課程設計**。臺北市:東華。

黃政傑(1993)。**課程教學之變革**。臺北市:師大書苑。

黃政傑(1995)。**多元社會課程取向**。臺北市:師大書苑。

黃政傑(1996)。**教育改革的理論與實際**。臺北市:師大書苑。

黃政傑(1997)。**課程改革的理念與實踐**。臺北市:漢文書店。

黃政傑(1999)。永續的課程改革經營。發表於國立高雄師範大學教育系主辦「迎向千禧年——新世紀中小學課程改革與創新教學」學術研討

會。1999年12月18日。屏東悠活飯店。

黃政傑（2015）。再評高中生反課綱微調事件。**臺灣教育評論月刊，2015，4(10)，18-32。**

黃政傑（2016）。高中課綱微調的關鍵問題：臺灣史課程的爭議焦點。**課程與教學季刊，2016，19(1)，1-26。**

黃炳煌（2002）。**社會學習領域課程設計與教學策略**。臺北市：師大書苑。

黃嘉雄（2010）。**課程評鑑**。臺北市：心理。

黃鴻文（1989）。教科書的成見。**現代教育，4(1)**，55-71。

新頭殼（2014.2.15）。歷史課綱微調該不該立即停止？取自http://newtalk.tw/debate/view/93

新頭殼（2015.6.9）。黑箱課綱微調民團赴監院要求彈劾吳思華。取自http://newtalk.tw/news/view/2015-06-09/61039

楊思偉（2009）。**課程實驗與教學創新**。臺北市：五南。

維基百科（2105.8.6）。臺灣高中歷史課綱微調案。取自https://zh.wikipedia.org/wiki/

臺灣省國民學校教師研習會（1979.12.22）。社會科課程實驗研究委員會第一次會議紀錄。

臺灣省國民學校教師研習會（1980）（編）。**探究教學彙編**。臺北：臺灣省國民學校教師研習會。

臺灣省國民學校教師研習會（1980.3.28）。社會科課程實驗研究委員會第五次會議紀錄。

臺灣省國民學校教師研習會（1980.8.14）。社會科課程實驗研究委員會第七次會議紀錄。

臺灣省國民學校教師研習會（1981.7.4）。社會科課程實驗研究委員會第八次會議紀錄。

臺灣省國民學校教師研習會（1981.8.22）。社會科課程實驗研究委員會第九次會議紀錄。

臺灣省國民學校教師研習會（1987）。**國民小學社會科課程實驗研究計畫——第一期總報告**。臺北：臺灣省國民學校教師研習會。

臺灣省國民學校教師研習會（1992a）。**國民小學兒童社會科知能評量研究第二期報告**。臺北：臺灣省國民學校教師研習會。

臺灣省國民學校教師研習會（1992b）。**臺灣省國民學校教師研習會課程實驗簡介**。臺北：臺灣省國民學校教師研習會。

臺灣新生報（2015.9.20）。教部啓動教育實驗方案 翻轉偏鄉。取自https://tw.news.yahoo.com/教部啓動教育實驗方案——翻轉偏鄉-160000236.html

趙志龍（2008）。**國民小學教育國家認同建構之研究——以現行國小社會領域教材爲例**。元智大學資訊社會學研究所碩士論文，桃園。

劉美慧、洪麗卿（2011）。國小社會課程本土化論述變遷歷程之分析。**課程研究**，**5(2)**，109-135。

歐用生（1986）。**課程發展的基本原理**。高雄：復文。

歐用生（1989）。**國民小學社會科教學研究**。臺北市：師大書苑。

歐用生（1990）。**我國國小社會科「潛在課程」之分析**。國立臺灣師範大學教育研究所博士論文。臺北市。

歐用生（1995）。**社會科教學研究**。臺北市：師大書苑。

歐用生（1999）。落實學校本位的課程發展。發表於國立高雄師範大學教育系主辦「迎向千禧年—新世紀中小學課程改革與創新教學」學術研討會。1999年12月18日。屏東悠活飯店。

歐用生（2010）。建構「三峽」課程發展機制。**課程研究**，**5(2)**，27-45。

歐用生（2010）。建構「三峽課程發展模式」。發表於第十二屆「兩岸三地課程理論研討會」。國立臺北教育大學主辦，2010年11月13日。

歐用生、李建興、郭添財、黃嘉雄（2010）。**九年一貫課程實施現況評估**。臺北市：行政院研究考核委員會。

歐用生、黃嘉雄、白亦方（2009）。**基礎教育課程制定機制及過程之研究**。臺北：國家教育研究院籌備處。

歐用生、楊智穎（2011）。教科書百年演進歷程與脈絡：教育思潮。發表於國家教育研究院主辦2011年6月10-11日教科書百年演進國際學術研討會。

蔡清田（1999）。從歷史學科課程評析英國國定課程改革之理論與實際。**教**

育研究集刊，42(1)，51-78。

蔡清田（2000）。教育行動研究。臺北市：五南。

蔡清田（2001）。課程改革實驗。臺北市：五南。

蔡清田（2002）。學校整體課程經營。臺北市：五南。

蔡清田（2003）。課程政策決定。臺北市：五南。

蔡清田（2005）。課程領導與學校本位課程發展。臺北市：五南。

蔡清田（2006）。課程創新。臺北市：五南。

蔡清田（2007）。學校本位課程發展的新猷與教務課程領導。臺北市：五南。

蔡清田（2008）。課程學。臺北市：五南。

蔡清田（2009）。「八年研究」課程實驗及其重要啓示。教育研究月刊，179期，94-105。

蔡清田（2011）。素養：課程改革的DNA。臺北市：高教。

蔡清田（2012）。課程發展與設計的DNA：核心素養。臺北市：五南。

蔡清田（2013）。教育行動研究新論。臺北市：五南。

蔡清田（2014）。國民核心素養：十二年國教課改DNA。臺北市：高教。

蔡清田（2015）。「大學生的社會參與」。臺灣教育評論月刊，2015，4(1)，26-27。

蔡清田（2016）。50則非知不可的課程學概念。臺北市：五南。

蔡清田、洪若烈、陳延興、盧美貴、陳聖謨、方德隆、林永豐、李懿芳（2012）。K-12各教育階段核心素養與各領域課程統整研究（國家教育研究院委託研究報告）。嘉義縣：國立中正大學課程研究所。

蔡清田、陳伯璋、陳延興、林永豐、盧美貴、李文富、方德隆、陳聖謨、楊俊鴻、高新建、李懿芳、范信賢（2013）。十二年國民基本教育課程發展指引草案擬議研究（國家教育研究院委託研究報告）。嘉義縣：國立中正大學課程研究所。

蔡清田、陳延興、吳明烈、盧美貴、陳聖謨、方德隆、林永豐（2011）。K-12中小學一貫課程綱要核心素養與各領域連貫體系研究（國家教育研究院委託研究報告）。嘉義縣：國立中正大學課程研究所。

蔡清田、陳延興、李奉儒、洪志成、曾玉村、鄭勝耀、林永豐（2009）。**中小學課程相關之課程、教學、認知發展等學理基礎與理論趨向**（國家教育研究院籌備處委託研究報告）。嘉義縣：國立中正大學課程研究所。

蔡清田編著（2004a）。**課程發展行動研究**。臺北市：五南。

蔡清田編著（2004b）。**課程統整與行動研究**。臺北市：五南。

錢富美（1998）。我國國民中小學課程自由化政策對鄉土教育之發展。**社會科教育研究**，3，163-181。

聯合報（2015.9.25）。12年國教領綱各縣市須辦公聽會。取自http://udn.com/news/story/6913/1208680-12年國教領綱──各縣市須辦公聽會。

聯合新聞網（2015.11.4）。國民黨：馬習會是國民黨才能做到的突破。取自http://udn.com/news/story/1/1292291。

聯合新聞網（2016.7.18）。2名小學生報名審課綱 李家同批：教育部瘋了！。取自http:// http://udn.com/news/story/7314/1837188。

蘇永明（2015）。**當代教育思潮**。臺北：學富。

蘋果日報（2016.7.21）。蘋論：學生審課綱有何不可。取自http://www.appledaily.com.tw/appledaily/article/headline/20160721/37316763/。

顧忠華、吳密察、黃東益（2008）。**我國國民歷史、文化及社會核心素養之研究**。（行政院國家科學委員會專題研究計畫成果報告：NSC 95-2511-S-004-001）。臺北市：國立政治大學。

龔寶善（1966）。**社會科教學研究與實習**。臺北：正中。

ETtoday新聞雲（2015.7.24）。課綱微調重點。取自http://www.ettoday.net/news/20150724/539476.htm#ixzz3gpEOBajE Yahoo!奇摩新聞（2015.7.29）。張大春看課綱：黑箱‧異端‧互相洗腦？輪流洗腦？──風傳媒。取自 https://tw.news.yahoo.com/92-223000824.html

Yahoo!奇摩新聞（2015.8.4）。課綱爭議──他們的觀點是這樣。取自https://tw.news.yahoo.com/A3-050353677.htm

Yahoo!奇摩新聞（2015.11.9）。馬習會無中華民國？總統府陸委會同步駁小英。──民報。取自https://tw.news.yahoo.com/-033322247.html

Yahoo!奇摩新聞（2016. 2.21）。持續專業對話 教部今召開高中歷史課綱專家小組第四次研商會議。取自https://tw.news.yahoo.com/持續專業對話——教部今召開高中歷史課綱專家小組第四次研商會議-054400250.html

Yahoo!奇摩新聞（2016.6.25）。課綱紀錄全公開 最高院駁判決。聯合新聞網取自https://tw.news.yahoo.com -194700727.html。

Aikin, W. M. (1942). The story of the eight-year study with conclusions and recommendations. NY: Harper & Brothers.

Altrichter, H., Posch, P. & Somekh, B. (1993) *Teachers investigate their work: An introduction to the method of action research.* London: Routledge.

Anderson, B. (1983). *Imagined Communities.* London: New York.

Apple, M. (1979). *Ideology and curriculum.* London: Routledge.

Apple, M.(1993). *Official knowledge: Democratic education in a conservative age.* London: Routledge.

Apple, M. W. (1997). *Ideology and curriculum.* New York: RKP.

Apple, M. W. (2003). *The state and the politics of knowledge.* New York: RKP.

Au, W. (2012). *Critical Curriculum Studies: Education, Consciousness, and the Politics of Knowing.* London: Routledge.

Baker, B. (Ed.) (2009). *New curriculum history.* London: Sense Publishers.

Bender, T. (2002). Strategies of Narrative Synthesis in American History. *American Historical Review, 107*(1), 25.

Bonser, F. G.. (1926). Curriculum-making in Laboratory of Experimental Schools. In Rugg. (1926 ed.). *Curriculum-Making Past and Present*(pp.353-364). U.S.: Arno Press & The New York Times.

Bruner, J. (1960). *The Process of Education.* Cambridge, MA: Harvard University Press.

Bruner, J. (1966). *Toward a Theory of Instruction.* Cambridge, MA: Harvard University Press.

Bruner, J. (1967). Man: A Course of Study. In Bruner, J. & Dow, P. *Man: A Course of Study. A description of an elementary social studies curriculum.* (pp.3-37).

Cambridge, MA: Education Development Centre.

Buras, K. L.(2008). *Rightist multculturalism-Core lessons on neoconservative school reform.* New York:Routledge.

Cardellichio, T. (1997) The Lab School: A vehicle for curriculum change and professional development. *Phi Delta Kappan,* June, 785-788.

CARE (1994). *Coming to terms with research: An introduction to the language for research degree students.* Norwich: University of East Anglia (UEA) School of Education (EDU) Centre for Applied Research in Education (CARE).

Clandinin, D. J. & Connelly, F.M.(1992). Teachers as Curriculum Makers. In Jackson, P. (ed.). *Handbook of Research on Curriculum*(pp.363-401). New York: Macmillan.

Cronbach, L. (1963). Course improvement through evaluation. *Teachers' College Record. 64* (8), 672-83.

Cornbleth, C. (2000). Viewpoint. In Cornbleth, C. (Ed.) *Curriculum politics, policy, practice: Cases in comparative context.*(pp.1-19). N.Y.: State University of New York Press.

Eisner, E. W. (1994). (3 rd ed.) *The educational imagination: On the design and education of school program.* New York: Macmillan.

Elliott, J. (1991). *Action research for educational change.* Milton Keynes: Open University Press.

Elliott, J. (1998). *The curriculum experiment.* Buckingham: Open University Press.

European Commission (2005). *On key competences for lifelong learning.* Proposal for a recommendation of the European parliament and of the council. Brussels: Author.

Fullan, M. Bennett, B.& Rolheiser-Bennett, C. (1989). Linking Classroom and School Improvement. Invited address, American Educational Research Association, 1989.

Fullan, M.(1990). Beyond Implementation. *Curriculum Inquiry,* 20(2), 137-139.

Fullan, M.(1991). *The New Meaning of Educational Change.* New York: Teachers'

College Press.

Fullan, M.(1992). *Successful School Improvement*. Milton Keynes:Open University Press.

Gabbard, D.(2007). *Knowledge & power in the global economy: The effects of school reform in a neoliberal/neoconservative age.*(Ed.)London: *Routledge*.

Geertz, C.(1975). *The Interpretation of Cultures*. London: Hutchinson.

Gillet, H. O. & Reavis, W. C. (1926) Curriculum-making in the laboratory Schools of the School of Education, The University of Chicago. In Rugg, H. and Others (Eds.). (1926a/1969).*The foundations and technique of curriculum-construction I: Curriculum-making: Past and present.* NY: Arno Press & The New York Times.

Giroux, H. A.(2005). War talk and the shredding of the social contract: Youth and the politics of domestic militarization. In Fischman, G. E., Mclaren, P., Sunker, H., C. Lankshear(Eds.).*Critical theories, radical pedagogies, and global conflicts.*(pp.52-68) New York: Rowman & Littlefield Publishers, INC.

Glatthorn, A. A. (2000). *The principal as curriculum leader: Shaping what is taught and tested.* Thousand Oaks, California: Corwin.

Glatthorn, A., Bragaw, D., Dawkins, K. & Parker, J. (1998). *Performance assessment and standards-based curricula: The Achievement cycle.* N.Y.: Eye On Education, Inc.

Glatthorn, A., Carr, J. F., & Harris, D. E. (2001). *Planning and organizing for curriculum renewal.* Alexandria, VA.: Association for Supervision and Curriculum Development.

Goodlad, J. I. (1979). The scope of curriculum field. In Goodlad, J. I. and Associates. *Curriculum inquiry: The study of curriculum practice.* N. Y. : McGraw-Hill.

Goodson, I. (1985). Subjects for study. In I. Goodson (Ed.). *Social histories of the secondary curriculum-Subjects for study* (pp. 343-367). London: The Falmer

Press.

Goodson, I. (1995). *The making of curriculum*. London: Falmer Press.

Grobman, H.(1970). *Developmental Curriculum projects: Decision Points and Prom*. Itasca, Illinois: Peacock Publishes.

Guba, E. & Lincoln, Y. (1988). *Effective evaluation*. London: Lossey-Bass Publisher.

Havelock, R. G. (1971a). *Planning for innovation through the dissemination and utilization of knowledge*. Ann Arbor: Centre for Research and Utilization of Knowledge.

Havelock, R.G. (1971b). The utilisation of educational research and development. *British Journal of Educational Technology*, 2(2). May 1971, 84-97.

Hein, L. E., & Selden, M. (2000). *Censoring History: Citizenship and Memory in Japan, Germany, and the United States*. New York: M.E. Sharpe.

House, E.(1974). *The Politics of Educational Innovation*. Berkeley: McCutchan.

House, E.(1979). Technology versus Craft: a Ten Year Perspective on Innovation. *Journal of Curriculum Studies*, *11*(1). pp. 1-15.

House, E.(1981). The perspectives on innovation. In Lehming & Kane, M(eds). Improving schools: Using what we know. London: SAGE. pp.17-41.

Kellas, J.(1991). *The politics of nationalism and ethnicity*. London: Macmillan.

Lawton, D. (1989). *Education, culture and the National Curriculum*. London: Hodder & Stoughton.

Liu, J. H., & Hilton, D. J. (2005). How the past weighs on the present: Social representations of history and their role in identity politics. *British Journal of Social Psychology*, *44*(4), 20.

MacDonald, B.(1971). "The Evaluation of the Humanities Curriculum Project: A Holistic Approach". *Theory into Practice*. June 1966, 163-67.

MacDonald, B.(1974). "Evaluation and the Control of Education". in MacDonald, B & Walker, R.(eds). SAFARI: Innovation, Evaluation, Research and the Problem of Control. Norwich: Centre for Applied Research in Education,

University of East Anglia, pp.9-22.

MacDonald, B. & Walker, R. (1976). *Changing the Curriculum*. London: Open Books.

MacDonald, B. & Stronach, I. (1988). The independent policy evaluation. occasional paper, Inter/6/88, Information technology in education research. Lancaster: Department of Psychology, University of Lancaster.

Madaus, G. F. & Stufflebeam, D. L. (1989). *Education evaluation: Classic works of Ralph W. Tyler*. Boston：Kluwer Academic Publishers.

Marsh, C. (1992). *Key concepts for understanding curriculum*. London: Falmer.

Marsh, C. & Huberman, M.(1984).Disseminating Curricula: a Look From the Top Down. *Journal of Curriculum Studies*. 16(1), pp.53-66.

McCarthy, C. (1998). The uses of culture: Canon formation, postcolonial literature, and the Multicultural Project. In Pinar, W.F. (eds.), Curriculum: Toward new identities. (pp.253-262). NY: Garland.

McKernan, J. (1996). *Curriculum action research: a handbook of methods and resources for the reflective practitioner*. London: Kogan Paul.

McKernan, J. (2008). *Curriculum and imagination: Process theory, pedagogy and action research*. London and New York: Taylor & Francis.

Megill, A. (1995). 'Grand narrative' and the discipline of history. In F. Ankersmit & H. Kellner (Eds.), *A new philosophy of history* (pp.151-173). Chicago, IL: University of Chicago Press.

Müller, G.(2011). Designing history in East Asian textbooks: identity politics and transnational aspirations. London: Routledge.

Munro, P. (1998). Engendering curriculum history. In Pinar, W.F. (eds.), *Curriculum: Toward new identities*. (pp.263-294). NY: Garland.

National Research Council (2010). *Exploring the intersection of science education And 21st century skills: A workshop summary*. Washington, DC: The National Academies Press.

Nicholson-Goodman, J.(2009). *Autobiography of a democracy nation at risk: The currere of culture and citizenship in the post/911 American wilderness.* New York: Peter Lang.

Norris, N.(1990).Understanding Educational Evaluation. London: Kogan Page.

Oliva, P. F. (1988). *Developing the curriculum.* Illinois: Scott Foresman and Company.

Organisation for Economic Co-operation and Development (OECD) (2005). *The Definition and Selection of Key Competencies: Executive Summary.* Paris: Author. Retrieved June 12, 2013, From *http://www.deseco.admin.ch/ bfs/deseco/en/index/02.parsys.43469.downloadList.2296. DownloadFile. tmp/2005.dskcexecutivesummary.en.pdf*

Paquette, J. (1991). *Social purpose and schooling: Alternatives, agendas and issues.* London: Falmer Press.

Pinar, W. F. (1998) (eds.), *Curriculum: Toward new identities.* NY: Garland.

Pinar, W. F.(2012). *What Is Curriculum Theory?* (2nd ed). New York: Routledge.

Pinar, W. F.(2015). *Educational Experience as Lived: Knowledge, History, Alterity.* New York: Routledge.

Pratt, D. (1994). *Curriculum planning: A handbook for professionals.* Orlando, FL: Harcourt Brace College Publishers.

Prawat, R. S. (1991). Conversations with self and settings: A framework for thinking about teacher empowerment. American Educational Research Journal. 28(4), 737-757.

Qi, J. (2009). War and beyond: Twentieth century curriculum reform and the making of a fellower, a citizen, and a worker. In B. Baker (Ed.), *New curriculum history* (pp. 273-294). London: Sense Publishers.

Ritchie, C. C. (1971). The eight-year study: Can we afford to ignore it? *Educational Leadership* 1971(2), 484-486.

Rogers, E. M. (2003). *Diffusion of innovation*(5th Edition). New York: The Free Press.

Rugg, H. & Others (Eds.). (1926/1969). *The foundations and technique of curriculum-construction I: Curriculum-making: Past and present*. NY: Arno Press & The New York Times.

Rychen, D. S. & Salganik, L. H. (2003) (Eds.) *Key competencies for a successful life and a well-functioning society*. Göttingen, Germany: Hogrefe & Huber Publishers.

Schissler, H., & Soysal, Y. N. (2005). *The Nation, Europe, and the World: Textbooks and Curricula in Transition*: Berghahn Books.

Schon, Donald A.(1971). *Beyond the stable state.*: public and private learning in a changing society. London: Maurice Temple Smith Ltd.

Schon, D. A.(1983). The reflective practitioner: how professionals think in action. New York: Basic Books.

Schug, M. C. & Beery, R. (1987). *Teaching social studies in the elementary school: issues and practices*. London: Scott, Foresman and Company.

Schwab, J. J. (1971). The practical: A language for curriculum. In Levit, M. (1971) (ed.). *Curriculum.* (pp.307-330). Chicago: University of Illinois Press.

Short, K. G. & J. C. Harste with C. Burke. (1996). *Creating classrooms for authors and inquirers(2nd ed.)* Portsmouth, NH: Heinemann.

Simons, H. (1971). Innovation and the case-study of schools. *Cambridge Journal of Education*, 3, 118-123.

Simons, H. (1987). *Getting to know schools in a democracy: The politics and process of evaluation*. London: The Falmer Press.

Skilbeck, M. (1984). *School-based curriculum development*. London: Harper & Row.

Smith, A. D. (1991). *National Identity*. Reno, Las Vegas & London: University of Nevada Press.

Stake, R. E. (1995). *The art of case study research*. Newbury Park, CA: Sage.

Stein, S. J. (2004). *The culture of education policy*. New York: Teachers College Press.

Stenhouse, L. (1975). *An Introduction to Curriculum Research and Development.*

London: Heinemann.

Stenhouse, L. (1980) (ed.). *Curriculum Research and Development in Action.* London: Heinemann.

Symcox, L. (2002). *Whose history? -The struggle for national standards in American classroom.* N. Y. : Teachers College Press.

Thier, H. D. with B.Daviss. (2001). *Developing inquiry-based science materials: A guide for educators.* NY: Teachers College Press.

Tsai, C. T. & Bridges, D.(1997) Moral piety, nationalism and democratic education: Curriculum innovation in Taiwan" in Bridges, D. (ed.) *Education, autonomy and democratic citizenship: Philosophy in a changing world.* (pp. 36-47). Chapter Four. London: Routledge.

Tyack, D.& Tobin, W. (1994). The 'Grammar' of Schooling: Why Has it Been so Hard to Change ? *American Educational Research Journal.* Fall 31(3), 453-479.

Tyler, R. (1949). *Basic Principles of Curriculum and Instruction.* Chicago: University of Chicago Press.

Tyler, R. W. (1987). The five most significant curriculum events in the twentieth century. *Educational Leadership,* 44(4), 36-38.

United Nations Educational, Scientific and Cultural Organization (UNESCO) Institute for Education. (2003). *Nurturing the Treasure: Vision and Strategy 2002-2007.* Hamburg, Germany: Author.

Vickers, E., & Jones, A. (2005). *History education and national identity in East Asia.* New York: Routledge.

Wise, R. J. (1979). The need for retrospective accounts of curriculum development. *Journal of Curriculum Studies,* 11 (1), 17-28.

Young, M., Lambert, D., Robert, C. & Robert, M. (2014). *Knowledge and the future school: curriculum and social justice.* London: Bloomsbury.

重要名詞索引

二、中文名詞

三、英文

國家圖書館出版品預行編目資料

課程實驗：課綱爭議的出路／蔡清田著. --
初版. -- 臺北市：五南，2017.01
　　　面；　　公分.
ISBN 978-957-11-8907-9 (平裝)
1.課程實驗 2.課程改革
521.77　　　　　　　　　　105020416

1IZP

課程實驗：課綱爭議的出路

作　　　者 ― 蔡清田(372.1)

發 行 人 ― 楊榮川

總 編 輯 ― 王翠華

主　　編 ― 陳念祖

責任編輯 ― 李敏華

封面設計 ― 陳翰陞

出 版 者 ― 五南圖書出版股份有限公司

地　　址：106台北市大安區和平東路二段339號4樓

電　　話：(02)2705-5066　　傳　　真：(02)2706-6100

網　　址：http://www.wunan.com.tw

電子郵件：wunan@wunan.com.tw

劃撥帳號：01068953

戶　　名：五南圖書出版股份有限公司

法律顧問　林勝安律師事務所　林勝安律師

出版日期　2017年1月初版一刷

定　　價　新臺幣400元